Dieter Schicker



# Winterangeln

## von November bis April

Mit 59 Zeichnungen

Verlag Paul Parey · Hamburg und Berlin

**CIP-Kurztitelaufnahme der Deutschen Bibliothek**
**Schicker, Dieter**

Winterangeln: von November – April / Dieter Schicker. – Hamburg, Berlin : Parey, 1978.
ISBN 3-490-11214-8

Die Abbildungen zeichnete der Verfasser.

 Anschriften: Spitalerstraße 12, 2000 Hamburg 1; Lindenstraße 44–47, 1000 Berlin 61. Printed in Germany by Druckerei Gebrüder Rasch & Co., Bramsche. Umschlaggestaltung: Jan Buchholz und Reni Hinsch, Hamburg, unter Verwendung eines Farbbildes von Dieter Schicker.

ISBN 3-490-11214-8

# Inhalt

*Inhalt*

# Einleitung

## Mit dem Karpfen fing es an

Karpfen haben mich schon als kleiner Junge begeistert, als wir nach dem Krieg in unseren Garten bei Hamburg zurückkamen. Dahinter befand sich ein Ziegelsteinwerk mit vielen ausgebaggerten Teichen. Sie waren kristallklar und nicht sehr tief.

Eines Tages entdeckte ich, oben auf der Böschung sitzend, einige riesige Fische. Sie schwammen gemächlich an den Kanten entlang, verweilten hier und dort und verschwanden schließlich in der Spiegelung des Sonnenlichts. Tagelang hockte ich nun an meinem Platz. Das Biologiebuch hatte die Bestimmung ermöglicht. Es waren Karpfen. Ich konnte mich daran nicht satt sehen.

Dann, an einem besonders schwülen Vormittag, zeigten sich die massigen Burschen in ihrer ganzen Pracht und schnellten neben den Seerosen aus dem Wasser, um mit gewaltigem Planschen wieder einzutauchen.

Jetzt erst war ich bereit, mein ‚Geheimnis' mit anderen zu teilen, lag nun mit meinen Freunden an der Böschung und staunte weiter.

Dann kam eines Tages der erste Angler, Vater eines Nachbarjungen. „Das sind ganz kapitale Burschen, Jungs. Die haben den Krieg gut überstanden!"

Er hatte sich nicht geirrt. Jedenfalls waren sein Angelgerät und die damals übliche Sehne und seine Schnur den kräftigen Karpfen nicht gewachsen. Nur die Haselnußgerten hielten der Belastung stand. Andere Angler kamen. Einige kleinere Fische gelangten in den Kochtopf der Muttis, und es wurde Winter.

Ob das Eis schon hielt? Ich war ein leichtsinniger Bursche und ein verwegener Draufgänger dazu. Mit einem langen Ast rutschte ich sitzend auf das blanke Eis, das nach einigen Metern zu dröhnen begann. Ich war minutenlang zu keiner Bewegung fähig, dann verflog die Angst, denn wenn ich bisher nicht eingebrochen war . . . !?

Genau in diese Überlegung hinein sah ich sie. Zwei gewaltige Karpfen suchten seitlich von mir unter dem fensterklaren Eis seelenruhig in den abgefaulten Pflanzen nach Nahrung. Das konnte doch nicht wahr sein! Sie mußten mich gesehen haben, und außerdem mußten sie eigentlich im Winterschlaf sein. Ich begriff überhaupt nichts mehr. Hatte ich doch in den letzten Monaten so viel über diese Fische gelesen, und nun stellten die Karpfen alle Theorie auf den Kopf. Es war fantastisch. Die Sonne erhellte meine Karpfen so eigenartig samten blau, daß ich mich in diesen Anblick verliebte.

Im nächsten Jahr wurden an einer der Gruben durch einfließenden Kalk des wieder in Gang gesetzten Ziegelsteinwerkes zahlreiche Karpfen tot aufgefunden.

So lange hatten die Angler und wir „dichtgehalten". Nun gab es plötzlich einen Eigentümer, und alle Gruben wurden nacheinander ausgepumpt.

Nie wieder sah ich bisher so viele kapitale Karpfen nebeneinander liegen. Dennoch habe ich nie meine damalige Begegnung mit den beiden Dicken vergessen, die blitzschnell verschwanden, als ich endlich vom Eis ans sichere Ufer zurückrutschte.

Zwei Jahre später bekam ich meine erste richtige Angel. Bambus! Stolz wie ein Gockel schritt ich durch die Reihen meiner Freunde, und ganz allmählich wurde aus mir ein brauchbarer Angler. Doch erst 20 Jahre später gewann die Begegnung mit den beiden Karpfen für mich so viel an Bedeutung, daß ich ihnen nun auch im Winter gezielt nachstellte.

Ich hatte mich zwischenzeitlich so viel mit Fischen und ihrem Lebensraum beschäftigt, daß ich über ihre Freßgewohnheiten sogar im Winter vielerlei wußte. Es mußte einfach an uns Anglern selbst liegen, wenn in der kalten Jahreszeit so wenig Karpfen gefangen wurden. Oder angelten wir nicht genug darauf? Das war die verständlichste Frage. Denn schon vom Sommer her wußte ich, wieviel Geduld, Sorgfalt und Disziplin des Anglers die Fische verlangten und daß man schließlich auch so manchen Tag ohne einen Fisch im Netz nach Hause gehen mußte. Das aber im Winter zu ertragen ... ? Doch Karpfen fressen im Winter! Ich wußte es nun einmal und wollte es auch beweisen.

So fütterte ich meine im Sommer üblichen Stellen auch in der kalten Jahreszeit weiter an und machte die ersten Versuche in der auch sonst erfolgsträchtigsten Tageszeit: am frühen Morgen. Ergebnis: nichts!

Abends: nichts. Vielleicht konnte die warme Mittagssonne Erfolg bringen. Über eine Woche lang hatte mir meine Frau alle Kartoffelschalen abgekocht und jeden Brotrest aufbewahrt. Ich angelte mit meiner üblichen Methode ohne Pose und mit der frischen Weißbrotflocke 5 cm überm Grund. Das Stückchen Silberpapier auf der Schnur unter der Rolle sollte den Biß anzeigen und tat es auch. Ein herrlicher Brassen legte sich schnell auf die Seite. Brassen hatte ich im Winter schon viele gefangen, war aber erstaunt darüber, daß sie in die relativ flache Zone von 2 m gekommen waren, die ich schließlich gewählt hatte, um vor anderen Störenfrieden sicher und mit den Karpfen allein zu sein. Sie waren da. Fast 10 Tage mußte ich mich mit ihrer bloßen Anwesenheit begnügen, bis endlich das Silberpapier von der Schnur sprang und diese zügig abrollte. Es wäre nicht unbedingt nötig gewesen, als ersten Winterkarpfen gleich einen „Zweistelligen" zu fangen. Nun hatte ich an der 0,25er Strong etwas unerwartet ganz gut mit ihm zu tun, bis er endlich in meinem riesigen Kescher landete.

Nun sind wieder 10 Jahre verstrichen. Inzwischen habe ich sicherlich weit über 100 starke Kaltwasserkarpfen gefangen. Ich bin nicht sicher, ob meine Statistik für den Sommer besser aussehen würde, hätte ich eine geführt. Doch weiß ich, daß sich das Experiment gelohnt hat. Würden wir uns sonst heute über gezielte Winterangelei unterhalten und dabei Fischen nachstellen, denen früher unbedingter Winterschlaf angedichtet wurde?

# Fische im Winter

## Fangzeiten, Schonzeiten, Laichzeiten

Der Angler verfügt in den Wintermonaten sowie in den Spätherbst- und Vorfrühlingstagen zwar über ein umfangreiches Angebot fangbarer Fische, muß sich aber über die Fang-, Schon- und Laichzeiten im klaren sein.

Ich halte es für das Beste, dieses Buch mit einigen Tabellen zu beginnen, selbst auf die Gefahr hin, Gegner auf den Plan zu rufen. Doch was sein muß, muß sein. Darum versuche ich in den Tabellen (Abb. 1–4) darzustellen, welche Fische bekanntermaßen wann gut gefangen werden und wann sie zu schonen sind. Das ist leider nicht alles auf einen genauen Nenner zu bringen, da die Schonzeiten regional unterschiedlich geregelt sind. Darum bin ich von Durchschnittswerten ausgegangen. Das gilt auch für die kenntlich gemachten, teils klimabedingten, unterschiedlichen Laichzeiten in Mittel- und Nordeuropa. Die Tabellen erheben natürlich keinen Anspruch auf Vollständigkeit. Sie dienen lediglich der Orientierung.

Wie schon beim flüchtigen Überblicken der einzelnen Fischartentafeln zu erkennen ist, sind in den Monaten November und Dezember (mit Ausnahme fast aller Salmoniden) die Möglichkeiten für den Sportfischer sehr groß. Erst dann beginnt, wiederum mit einigen Ausnahmen, die sogenannte magere Zeit und reicht bis in den März hinein.

Doch der wirkliche Freund des winterlichen Fischens wird nicht so leicht aufgeben, und ich werde mich bemühen, nicht nur nachzuweisen, daß Ausnahmen die Regel bestätigen, sondern daß man auch in der kältesten Jahreszeit entgegen früheren Auffassungen durchaus gezielt und mit gutem Erfolg auf spezielle Fische angeln kann.

## Friedfische

Wie die Abbildung 1 zeigt, sind Friedfische fast durchgehend bis zu den Laichzeiten angelbar. Lediglich die Karausche und die Schleie machen eine Ausnahme. Wenn es mir trotzdem gelang, letztere im kalten Februar zu überlisten, war dieses außerordentlich günstigen Umständen und großem Aufwand beim Fischen zu verdanken. Von der Schleie als Sportfisch für den Winter können wir also absehen, denn es bleibt bei Zufallsfängen.

Wie kommt es nun, daß man neben den gut beißenden Fischen wie u.a. Nase, Plötze, Rapfen und Rotfeder fast alle anderen Friedfische selbst im Januar an den Haken bekommt? Die Erklärung ist im Gegen-

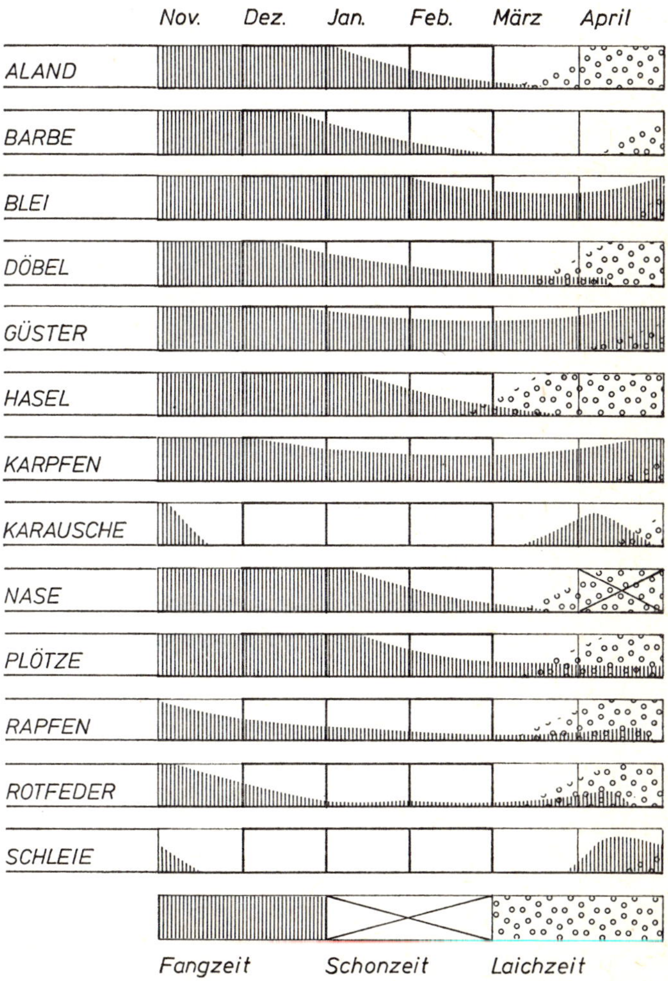


*Abb. 1. Friedfische. Übersicht nach Durchschnittswerten.*

satz zu früheren Vermutungen denkbar einfach. Es gibt, wie erwähnt eben keinen ausgesprochenen Winterschlaf. Im Gegenteil. Unsere Schuppenträger sind dazu ganz munter. Doch was ihnen als natürliche Nahrung geboten wird, ist weitaus geringer als in den warmen Jahreszeiten, wo die Natur im Wasser zu vollem Leben entwickelt ist und u. a. Laich, Muscheln, Schnecken, Krebse, Würmer und vor allem Larven und Fliegen zu zarten Leckerbissen heranwachsen.

Das aus dieser vielseitigen und oft reichlichen Ernährung entstehende Fettpolster reicht aber nicht aus, um den Winter zu überstehen, sondern es dient mehr oder weniger dazu, den veränderten Gegebenheiten genügend Substanz entgegenzusetzen.

Um aber den Winter überstehen zu können, müssen die Fische fressen, und da der Tisch nur ungenügend gedeckt ist, bedachte die Natur unsere Flossenträger mit einem weiteren Hilfsmittel: der Herabsetzung des Stoffwechsels.

Das heißt: mit zunehmender Abkühlung des Wassers verringert sich die Zahl der Herzschläge beträchtlich und somit auch der Nahrungsbedarf und die Verdauungsgeschwindigkeit. Jede Veränderung der Luft- und Wassertemperatur bringt auch andere Verhaltensweisen der Fische mit sich. So ist es z. B. sogar möglich, an einem klirrend kalten, doch sonnigen Wintertag Rotfedern in ihrem flachen Sommerrevier zu angeln.

Fallen oder steigen Thermometer und Barometer, wird das auch im tiefsten Wasser von den Grundfischen wie Brassen und Güster sofort registriert und führt zu entsprechend mehr oder weniger Bissen.

Diese Erscheinungen können unmittelbar eintreten und sind im Winter noch leichter als im Sommer festzustellen. Während dort nämlich die Beißfreudigkeit meist langsam nachläßt und durch das Füttern wieder gesteigert werden kann, ist im Dezember plötzlich binnen einer Minute Schluß, und zwar unwiederbringlich. Der Angler merkt dann meistens erst etwas später, daß es fühlbar kälter oder unangenehmer geworden ist und er sich auf die neuen Verhältnisse, sei es durch tieferes oder leichteres Angeln, einstellen muß. Er sollte sich sofort anpassen, sei das durch kleine Köder, weniger Futter oder sensiblere Montage. Bei den praktischen Anleitungen komme ich noch genauer darauf zurück.

## Raubfische

Bei den Raubfischen treffen wir in der kühlen Jahreszeit auf andere Voraussetzungen als bei den Friedfischen. Barsch, Hecht, Quappe, Zander

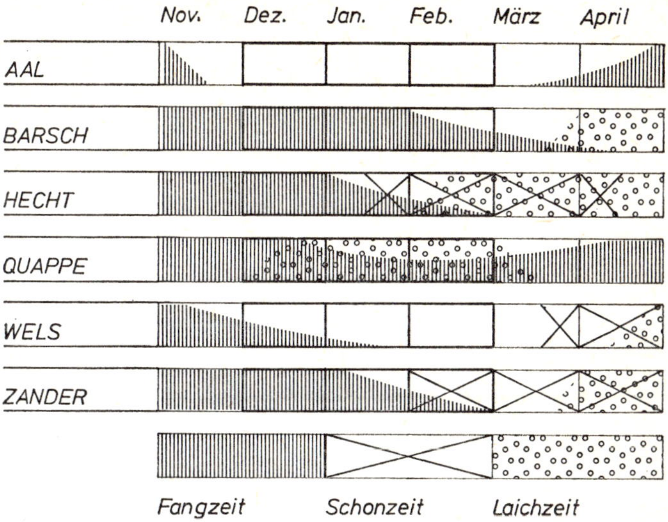


*Abb. 2. Raubfische. Übersicht nach Durchschnittswerten.*

und Wels verringern ihren Stoffwechsel nur wenig oder fast gar nicht. Auch dafür gibt es eine natürliche, logische Erklärung. Das Nahrungsangebot bleibt für die Raubfische den ganzen Winter hindurch fast unverändert bestehen. Da brauchen die Räuber ihren Stoffwechsel auch nicht so weitgehend zu verringern. Lediglich der Aal bildet die rühmliche Ausnahme und überlebt fast unbeweglich im Tiefenschlamm die Monate Dezember, Januar und Februar. Davor und danach kann er oft noch oder schon wieder gefangen werden. Auch er fällt also als Winter-Sportfisch aus.

Alle anderen rauben mehr oder weniger weiter und stärken sich u.a. für die zum Teil früh einsetzenden Laichzeiten. Deshalb sind diese Fische in der kalten Jahreszeit verhältnismäßig leicht, wenn nicht sogar besonders gut zu angeln. Um aber in den Gewässern das biologische Gleichgewicht zu erhalten, hat der Mensch eingegriffen und schützt vornehmlich Hecht und Zander durch Schonzeiten. Trotzdem bleiben dem Angler noch ausreichende Möglichkeiten für den Raubfischfang, wie Abbildung 2 ausweist. Diese sollte er nutzen, will er einen ungewöhnlich schönen Sport genießen.

## Salmoniden

Bei den Salmoniden zeigt die Abbildung 3 ein vollkommen verändertes Bild. Der Bedarf an Schonung wird im Verhältnis zu den bisher angesprochenen Fischen ungleich höher, zumal die Laichzeiten fast alle in die kalte Jahreszeit fallen. Eine Ausnahme macht lediglich der begehrte und leider auch immer seltener werdende Huchen, der erst im April Hochzeit hat und hauptsächlich im Dezember und im Januar gefangen wird.

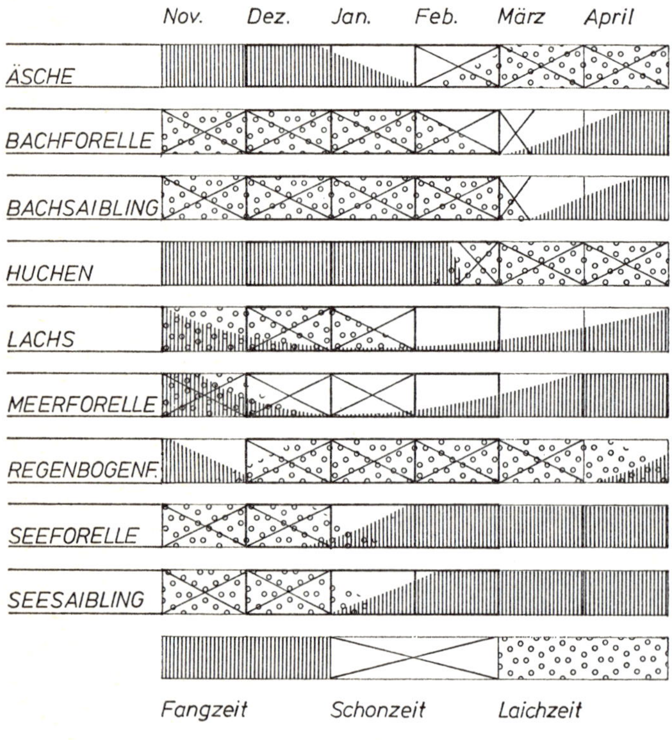


*Abb. 3. Salmoniden. Übersicht nach Durchschnittswerten.*

Bedingt fangbar sind zusätzlich in den ersten Monaten die Äsche sowie relativ früh im Jahr Seeforelle und Seesaibling. Bei allen anderen Arten heißt es für den Angler warten. Die letzten Märztage, der April und der Wonnemonat Mai werden ihn für seine Geduld entschädigen.

Nun ist bekannt, daß trotzdem den begehrtesten Salmoniden – Lachs u. Meerforelle – nachgestellt werden kann, wobei sich die See ganz besonders anbietet. Allgemeingültige Schonzeiten für diese Meeresfische gibt es noch nicht.

Im Norden gehen Dänen, Schweden und Norweger darum ihrem geliebten Volkssport den ganzen Winter hindurch nach und machen ungezählte Würfe mit der Spinnrute in die Brandung ihrer schier unendlichen Küstengewässer. Ich habe an diesem harten Sport selbst mit beträchtlichem Erfolg teilgenommen und herrliche Salmoniden gelandet.

Das gilt für den ganzen Winter und auch für deutsche Küstenabschnitte.

Ich habe auch kein schlechtes Gewissen dabei, zumal es, wie gesagt, überhaupt keine einheitlichen Schonzeiten gibt und ich mir die teils horrenden Preise nicht leisten kann und will, die gefordert werden, steigen Lachs und Meerforelle in die dafür bekannten Flüsse auf.

Dann reizen mich das Abenteuer ‚Meer', die Brandung und der durch Fleiß und Ausdauer erzielte Erfolg doch ungleich mehr und geben mir Befriedigung und Erfüllung. Das gilt erst recht für den Winter, wenn die Strände leer sind, das Wasser brillant klar und das Erlebnis Natur ungleich größer ist.

Wer nun aber glaubt, daß es dabei die berühmte Fanggarantie gibt, irrt. 500 Wurf für eine gute Meerforelle, 10mal so viel für einen Lachs, das ist auch im fischreichen Norden ein bekanntes Zitat der Brandungsangler. Doch gehen sie zwischendurch nicht leer aus. Einige kleinere Exemplare werden öfter gefangen, und die im Winter weit ‚unter Land' kommenden Dorsche sorgen für manche Überraschung und viel Unterhaltung.

Im Gegensatz dazu gibt es heutzutage noch die vielerorts bekannten Forellenteiche (Angelzentren), wo den ganzen Winter hindurch auf Salmoniden gefischt werden kann.

Was dort teilweise vor sich geht und ob man noch von sportlichem Wert sprechen kann, will ich hier nicht erörtern. Der eine oder andere Angler wird normalerweise vielleicht nie die Möglichkeit haben, eine Forelle an den Haken zu bekommen, und freut sich auf den Besuch dieser Gewässer. Dabei wollen wir nicht darüber streiten, ob er nicht besser im Sommer hinginge.

## Meeresfische

Die Fangchancen für Meeresfische sind in deutschen Küstengewässern im Winter sehr reduziert, wie Abb. 4 zeigt. Trotzdem bleibt die See, wie schon bei den Salmoniden vermerkt, hochinteressant.

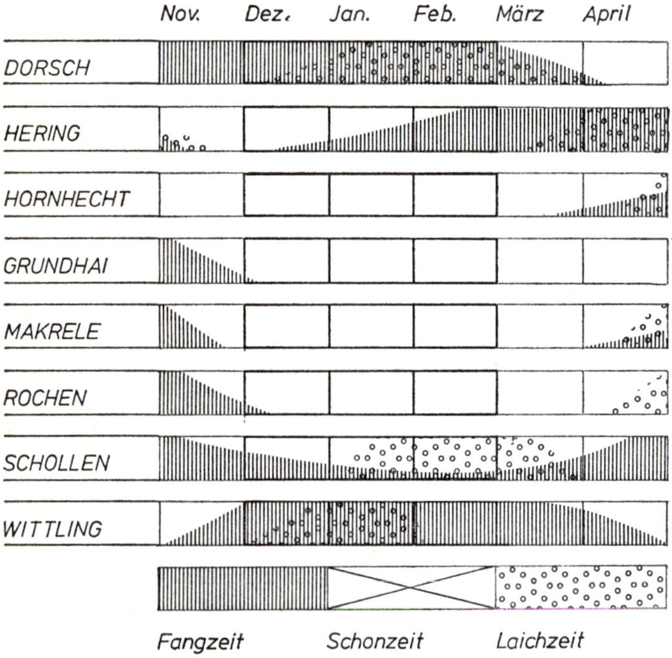


*Abb. 4. Meeresfische. Übersicht nach Durchschnittswerten.*

Außer den erwähnten Angelmöglichkeiten auf Meerforelle und Lachs bieten sich auf Flachfische wie Scholle und Butt fast ununterbrochen gute Möglichkeiten. Besonders der allgegenwärtige Dorsch, der in immer größeren Schwärmen und Exemplaren angetroffen wird, hat dem Winterangler viel zu bieten, ist er jetzt, sportlich gesehen, doch wesentlich interessanter als im Sommer, da er vor der Laichzeit (März/April) voller Saft und Kraft ist. Er wehrt sich im kalten und sauerstoffreichen Wasser energischer als im Sommer.

Nun wird der Angler fragen, ob er sich selbst einen Gefallen tut, wenn er den Fischen vor oder zeitweise auch in der Laichzeit nachstellt. Ich habe mich darüber nicht nur mit Berufsfischern unterhalten. Nahezu alle waren der Überzeugung, daß wir Angler durch Entnehmen dieser Fische einen so minimalen Schaden verursachen, daß er nicht einmal errechenbar ist. Sehr viel laichfähiger Dorsch und Kleinfisch werden dagegen von der Industrie verarbeitet, ohne daß etwas davon auf den Tisch der Hausfrau kommt. Die Ware wandert vorwiegend in die Düngemittel und in die pharmazeutische Industrie.

Nicht umsonst werden augenblicklich viele Gespräche im In- und Ausland über Fangbegrenzungen und Maschenweiten geführt. Der Angler darf sicher sein, daß er in diesen zum Teil auch politischen Entscheidungen keine Rolle spielt. Zu begrüßen wäre es aber, wenn wir uns späteren Entscheidungen anschließen und unseren, wenn auch geringen, Teil beitragen, die Fischbestände der Hochsee zu erhalten und zu vermehren.

Neben dem Dorsch und der Scholle kommt als Winterfisch noch der Hering in Frage. Er sammelt sich im Januar zu großen Schwärmen und wird auch in Küstennähe, sogar in den Buchten der Ostsee (leider nicht mehr so zahlreich wie früher), in der Kieler Förde, bis in den Öresund und darüber hinaus im hohen Norden, in der Nordsee sowie im Englischen Kanal angetroffen.

Er ist mit dem blanken Haken- oder Kleindrillingssystem leicht zu angeln und bietet unterhaltsamen Sport.

Dieses Meeresfischangebot hat sich in der letzten Zeit um den lange ‚verschollen' gebliebenen Wittling erfreulich bereichert, der gerade in den Jahresanfangsmonaten 1978 in erheblicher Zahl in der Nord- und Ostsee beim Dorschpilken gefangen wurde.

Für Meeresangler ist der Wittling nicht nur eine Bereicherung, sondern tatsächlich ein ausgesprochener ‚Winterfisch', da er vornehmlich in Monaten von November bis April in den heimischen Gewässern auftaucht und ufernah wie in der Tiefe gefangen wird. Jeder hofft, daß das auch in den nächsten Jahren so bleibt.

## Fazit

Von den 36 in den Abbildungen 1 bis 4 genannten Fischarten fallen also für den Winterangler nur wenige aus. Dazu gehören von den schonzeitfreien Friedfischen Schleie und Karausche, da sie nur sehr wenig Nahrung aufnehmen, und der Aal als Raubfisch, der vorübergehend eine Art Winterschlaf hält.

Die Salmonidenchancen sind geringer als im Sommer, da wegen der Schonzeiten im Süßwasser zeitweise nur Äsche, Huchen und Seeforelle gefangen werden dürfen. Doch das ist sicher auch ein sehr gutes Angebot. Hervorragend sind dagegen die Möglichkeiten für Meeresangler, denn außer Dorsch, Wittling, Hering und Scholle bietet sich noch die Spinnfischerei auf Meerforelle und Lachs an. Die Zufallsfänge wie zum Beispiel Leng, Köhler oder Pollack lasse ich absichtlich aus, zumal diese Fische in unseren Breiten nicht häufig genug auftreten, so daß man ihnen leider kaum gezielt nachstellen kann.

Insgesamt bleiben also 11 Friedfisch- und 5 Raubfischarten. Dazu kommen 5 Salmoniden und 4 Meeresfische sowie die jeweiligen Unterarten.

Das heißt: 25 verschiedene Flossenträger kann man selbst in der angeblich so kargen Zeit zwischen 1. 12. und 28. 2. angeln. Das ist doch eine reichhaltige Auswahl. Natürlich sind die Fangumstände schwieriger als im Sommer. Mit vielen Widrigkeiten hat der Winterangler fertig zu werden. Vom zugefrorenen Eisloch bis zum Sichtbarmachen zartester Bisse wird viel von ihm verlangt. Doch wer mit ganzem Herzen Angler ist, wird damit fertig, wobei dieses Buch mithelfen wird.

# Angler im Winter

## Kleidung und Kälteschutz

Es hieße Eulen nach Athen tragen, wollte man in der heutigen Synthetikzeit über warme Kleidung für den Angler sprechen. Deshalb möchte ich das Thema auch nur streifen.

Der Winterangler sollte grundsätzlich daran denken, daß jedes Wetter so lange zu ertragen ist, wie er selbst in Bewegung bleibt. Doch sobald Anmarsch, Vorbereitungen und alles weiter Notwendige erledigt sind und der Angler zur „Ruhe“ kommt, beginnt der Angriff der Kälte, und zwar immer von unten, vom Boden aus. Dabei spielt es keine Rolle, ob der Petrijünger am Ufer, im Boot oder am Eisloch steht oder sitzt.

Wasser, so scheint es, hat die Eigenschaft, Kälte länger und leichter zu konservieren und wieder abzugeben als Wärme.

Schon darum ist es am Gewässer meist kälter als auf dem Waldspaziergang oder beim Einkaufsbummel.

Der Angler muß sich also dagegen schützen und beginnt an den Füßen mit dicken Socken und gut gefütterten großen Schuhen. Gummistiefel und Gummizeug werden nur bei bestimmten Erfordernissen verwendet. Die beste wärmehaltende Unterwäsche ist für uns gerade gut genug. Entscheidend ist nicht, wieviel man angezogen hat, sondern was es ist! Und wer Oberbekleidung aus Pelz oder Fell bzw. mit diesem Material gefütterte hat, sollte sie auch benutzen.

Ich habe mir eines Tages eine Lammfellhose angefertigt, die bis unter die Achseln reicht. Sie schützt mich sogar beim Brandungsangeln an der See, wenn ich mit der Wathose stundenlang im Wasser hantiere, wozu natürlich die anstrengende Bewegung ihren Teil beiträgt.

Der Angler muß immer daran denken, daß er kaum frieren kann, wenn Füße und Beine warm gehalten werden und damit auch die Durchblutung für den ganzen Körper gebessert ist.

Eine Decke beim Ansitz kann nicht schaden, im Gegenteil. Wichtig ist, daß die Kleidung atmen kann. Darum meine Warnung vor überflüssigem Gummizeug.

Ist die Kleidung nicht atmungsaktiv, bilden wir Schweiß. Erkaltet er, ist es besser, wir packen sofort unsere Sachen zusammen und fahren heim.

Darum planen wir von Anbeginn immer einen Windschutz mit ein. Der alte Regen- oder Sonnenschirm, ein aufrecht gesteller Gegenstand, alles erreich- und transportierbare ist gerade richtig. Und wenn wir noch die Möglichkeit haben, sollte von unten durch eine Styroporplatte aus dem Baugeschäft nochmals gut isoliert werden.

Im Rucksack befinden sich außerdem noch einige Lagen Zeitungspapier, die, zwischen die Kleidung geschoben, enormen Kälteschutz bieten. Eine Kopfbedeckung mit Nackenschutz oder die gefütterte Kapuze tun das Übrige.

So eingedeckt, habe ich noch niemals Handschuhe gebraucht, doch ist das nicht jedermanns Sache. Darum schlage ich solche mit abgeschnittenen Fingerkuppen vor. Sie erhalten die Durchblutung und ermöglichen den Fingerkuppen das Feingefühl, auf das wir beim Angeln schließlich angewiesen sind. Für ganz Empfindliche gibt es noch vorheizbare Fuß- und Handwärmer. Sie zu benutzen, sollte jeder selbst entscheiden. Ich meine, wer sich selbst zu sehr verwöhnt, muß unweigerlich besonders frieren, fällt ein solches Hilfsmittel durch Treibstoffmangel einmal aus. Gute Durchblutung, um das zu wiederholen, und die Eigenwärme des Körpers sind nun einmal der beste Kälteschutz. Ob dazu der berühmte Flachmann noch seinen Teil beiträgt, scheint mir fraglich. In meinem Gepäck befindet sich immer eine Thermosflasche mit heißem Zitronentee, den ich ein wenig „einfärbe“.

## Gerät und Zubehör

Wiederum vorerst eine grundsätzliche Bemerkung: Ich gehe in diesem Buch davon aus, daß der Leser Angler ist. Es wäre vermessen, ein solches für den Unbedarften zu schreiben, zumal Winterangeln nun wirklich etwas für ‚Fortgeschrittene‘ ist.

Heute im Zeitalter der Sportfischerprüfung, des organisierten Angelns schlechthin darf ich also erwarten, den Interessierten zumindestens mit dem Inhalt des bekannten Buches von M. Grünefeld – Der sportgerechte Angler – (Verlag Paul Parey) oder ähnlicher Lektüre vertraut zu wissen.

Aus diesen Gründen habe ich besondere Abhandlungen über allgemein gültige und anwendbare Geräte fortgelassen. Welches Gerät welcher Angelart zukommt, wissen wir alle. Daran ändert sich auch im Winter nichts.

Wir müssen uns lediglich mit einigen Abänderungen und zusätzlichen Gerätemontagen vertraut machen, auf die ich später noch im einzelnen zurückkomme.

Vorerst befasse ich mich mit den zusätzlich notwendigen Utensilien als da sind: Eisbohrer und Meißel, Schnur- und Lebendköderschutz.

Selbstverständlich ist, daß wir *Eis* nur dann *betreten*, wenn es tatsächlich hält. Es wäre nicht im Sinne unseres Sports, wenn wir durch Leichtsinn andere veranlassen, zu viel zu riskieren und uns damit die Verantwortung für neugierige Kinder und Passanten aufladen. Wenn man sich danach richtet, ist das Eis schon gut 8 cm dick und erfordert körperlichen Einsatz und entsprechendes Gerät.

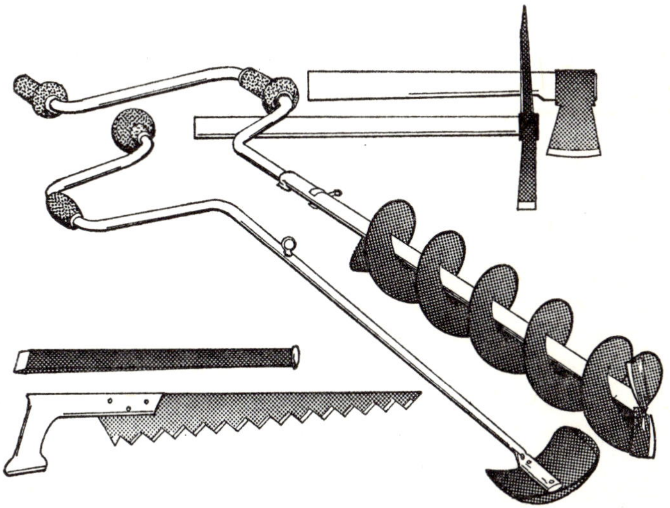

*Abb. 5. Gerät zur Fertigung eines Eislochs. Von oben: Beil, Pickel, Windungsbohrer, Schaufelbohrer, Meißel, grobe Stichsäge.*

*Beile* bzw. *Äxte* sind gut, der *Eismeißel* oder *Pickel* ist besser und ein *Eisbohrer* erzeugt die wenigsten Erschütterungen. Ganz gleich, was man benutzt. Auf jeden Fall muß das Loch immer dem größtmöglichen Fisch gerecht werden. Wer daran nicht denkt, kann für diese Bequemlichkeit schwer bestraft werden. Es gibt nämlich nichts Unangenehmeres, als das *Eisloch* dann vergrößern zu müssen, wenn der Fisch schon am Haken sitzt. In 90 von 100 Fällen geht er verloren. Die Öffnung muß am Rand so weit wie möglich gut geglättet sein. Die Schnur wird es uns danken.

Das ausgebohrte oder geschlagene Eis wird sauber und gut sichtbar(!) aufgehäuft, damit die Einzelstücke nicht zu Stolpersteinen werden.

Mit Hilfe eines Zweiges oder Schilfbüschels wird nach dem Angeln zusätzlich noch auf die Gefahr dieser Stelle hingewiesen, was auch für den Angler Vorteile hat, wenn nämlich am nächsten Morgen der über Nacht gefallene Schnee die Suche nach dem vielleicht gut angefütterten Platz erschwert.

Das *Angelgerät* ist im *Winter* und gerade auf dem Eis besonderer Beanspruchung ausgesetzt. Darum wird es mit nicht nachdickendem Öl behandelt. Dafür nimmt man am besten das für Waffenpflege bekannte Ballistrol in der Sprühdose und achtet sorgfältig darauf, daß es nicht mit den Dingen in Berührung kommt, die sich beim Angeln im Wasser befinden, denn der Geruch ist unangenehm und nicht bißfördernd. Darum benutzen wir für die Schnur und zum Wasserabweisen an den Rutenringen Glyzerin. Es schützt uns zwar nicht davor, daß doch noch der eine oder andere Rutenring zufriert (bestimmt aber der Spitzenring), wenn längere Schnur eingerollt werden muß, doch läßt sich das Eis sehr leicht, manchmal schon mit einem Tupfer gegen einen Gegenstand, entfernen.

Einige Tropfen Glyzerin ins Eisloch können auch nicht schaden und bieten zusätzlichen Frostschutz. Vaseline in Cremeform ist nicht empfehlenswert, da sie bei Kälte an Konsistenz verliert.

Ein zusätzliches Problem bilden die Eisenteile an Rute, Rolle und an der Halterung dafür. Handschuhträger werden das weniger zu spüren bekommen. Doch wer ohne Fingerschutz angelt, wird wissen, wie leicht die Haut an unterkühltem Eisen kleben bleibt. Darum umwickle ich die Griffstelle mit Tesaband laut Abb. 6. Isolierband empfiehlt sich nicht, da es auch nach außenhin eine klebende Wirkung hat.

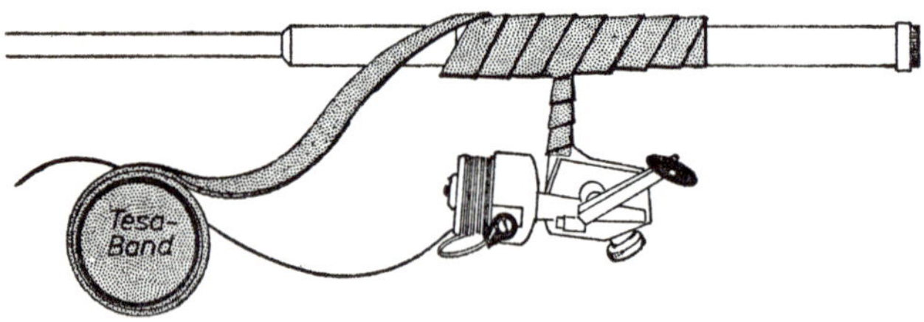


*Abb. 6. Kälteschutz an Eisenteilen der Rolle und Rollenhalterung durch Klebeband.*

Nicht ganz einfach ist die *Aufbewahrung der Lebendköder* wie Wurm und Made. Schnell greift der Frost von allen Seiten an, zumal die Gefäße meistens auf dem Boden oder Eis stehen. Doch auch dieses Problem können wir sehr leicht lösen. Überall erhalten wir heute kleine Styroporkästchen, die vorzüglich warm halten und entweder die Einzeldosen oder die Wurmfüllung selbst aufnehmen.

Den Deckel sollte man ebenfalls mit Tesaband sichern, damit der Wind das leichte Material nicht wegträgt.

Selbstverständlich ist die eigene Körperwärme des Anglers noch am allerbesten als Kälteschutz geeignet. Darum wird man kleine Gefäße für Maden und Würmer einfach in die Hosentasche stecken. Die Maden sind dann quicklebendig und sollten gut verschlossen werden, sonst geht die Krabbelei in der Tasche los. Es wird sehr unangenehm, wenn sich zum Beispiel die Mistwurmdose öffnen würde, was man auf jeden Fall zu vermeiden wissen sollte.

Es ist zusätzlich darauf zu achten, daß wiederholte Kälteschocks den Lebendködern schaden, und diese schließlich verenden, wenn man sie zeitweise im Kalten stehen läßt und dann wieder in die Tasche steckt. Man muß sich also entscheiden und unnötigen Temperaturwechsel vermeiden.

Als typisches Wintergerät muß noch die *Mormyschken-Angel* (Abb. 7) erwähnt werden. Ihr Ursprungsland ist Rußland. Viel verwendet man sie auch in Finnland, wo im Winter das Eisangeln als Volkssport betrieben wird und Tausende von Anglern, teils mit der ganzen Familie, die unendlichen Seen bevölkern. Man steht, hockt oder liegt auf Pelztierfellen und läßt mit der ‚Mormy' (auch Pimpel genannt) meistens kleine Pilks, Mormyschken oder auch Maden in die Tiefe gleiten.

Eine Pose wird nicht verwendet, da die Bisse der meist gefangenen Barsche und Salmoniden leicht spürbar sind. Über die kleine festangebaute Rolle wird der Gehakte dann eingeholt. Echte Drillfreuden gibt es dabei kaum, denn von Rutenaktion kann nicht gesprochen werden. Dadurch kommen größere Fische oft ab, weil ihnen nicht variabel genug begegnet werden kann und auch der Anschlag nicht ausreicht, um die Dehnung der Schnur zu kompensieren und den Haken fest genug eindringen zu lassen.

Dennoch ist das Pimpel-Mormyschkenangeln sehr kurzweilig und immer einen Versuch wert. Probleme entstehen bei großer Kälte. Dann gefriert die Schnur an der Rolle, da nicht genug Rutenringe vorhanden sind, die bei der Normalangel das Wasser weitgehend abstreifen. Dann wird der Fisch meistens über Hand eingeholt, womit für mich der Begriff ‚sportgerechtes Angeln' und auch die Freude an der Sache aufhört.

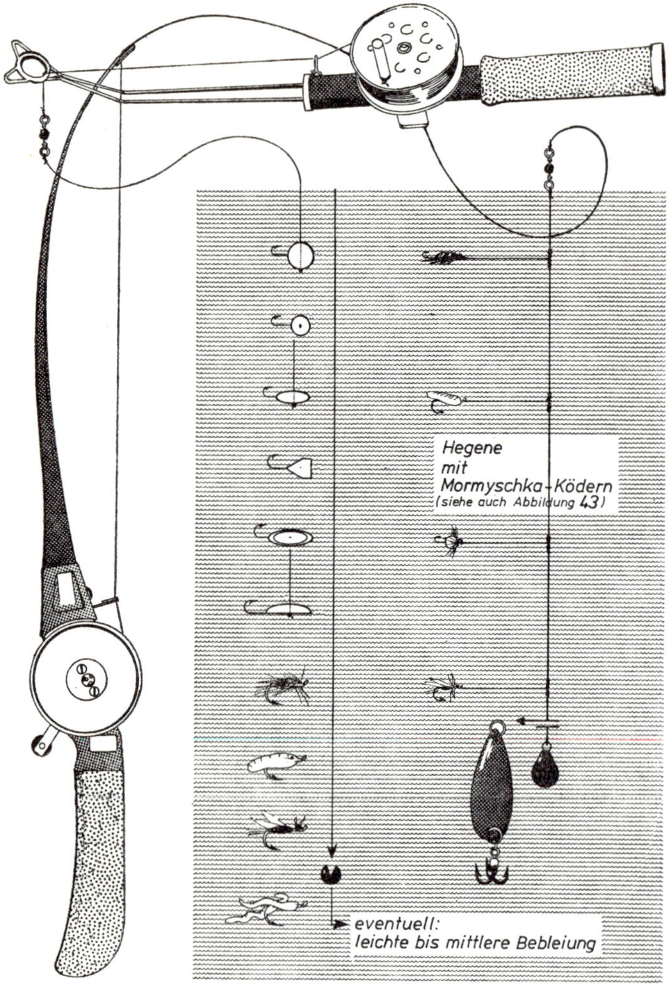


*Abb. 7. Mormischka- und Hegeneangel speziell zum Eislochfischen mit künstlichen Ködern.*

## Köder

Wie die Forelle in der kalten Jahreszeit keine Fliege oder der Döbel keine Kirsche findet (was beide im übrigen auch ganz genau wissen), schrumpft in dieser Zeit auch für den Angler die Palette der anwendbaren Köder. Dennoch sind die Fangchancen gut, da, wie an anderer Stelle schon erwähnt, das natürliche Futterangebot im Wasser sehr gering geworden ist und unser eigenes dadurch attraktiver.

Alle Köder aus totem Material (siehe: Das große Köderbuch, E. Wiederholz, Verlag Paul Parey) können auch im Winter angeboten werden, wie die Tabelle in Abb. 8 zeigt. Von den lebenden Ködern fallen die Nymphe und die Larvenarten sowie Käfer, Raupen, Schnecken weg, und zwar ausschließlich deshalb, weil sie schwierig zu beschaffen sind. Der Fisch würde sie schon gern nehmen. Dasselbe gilt auch für Kaulquappen, Frösche und Blutegel.

Kunstköder stehen immer zur Verfügung und behalten ihren Reiz, wobei ich Streamer ein- und die gesetzte Fliege ausschließe. Blättert man jetzt auf unsere Fischarten und Ködertabellen (Abb. 1–4 und 8) zurück, ist festzustellen, daß wir auch in dieser Jahreszeit noch immer in der Lage sind, ein reichhaltiges und sinngemäßes Köderangebot zu fertigen, zumal wir bei den Salmoniden, Raub- und Meeresfischen überhaupt nicht in Verlegenheit kommen können.

Unsere Überlegungen konzentrieren sich also ganz allein auf die Friedfische. Und wem im Sommer der richtige Köder einfällt, der wird auch im Winter darauf kommen.

Der erste Weg führt mich stets zum Bäcker, der mit meinem frühen Besuch rechnet und manchmal sogar ein wenig frischen Kuchenteig für mich bereitliegen hat. Außerdem kaufe ich ein frisches Weißbrot.

Mit den restlichen Kartoffeln vom Vortag, meinem Paniermehl, den Brotresten und genügend Optimismus bin ich schon sehr gut ausgerüstet. In meiner Angelkiepe befinden sich außerdem: ein Paket Köllnflocken, Kartoffelpüree in Trockenform (Pfanni), ein wenig Schwemmbrot von Shakespeare und Angelbrot „Pain Chaillou". Damit habe ich ausgesorgt.

Selbstverständlich verzichte ich auch nicht auf *Mistwürmer*, zumal ich durch einen geräumigen Keller und die Garage Gelegenheit habe, die Würmer über die kalte Jahreszeit hinweg zu halten und sogar zu vermehren. Das ist auch demjenigen möglich, der nur einen Balkon dafür zur Verfügung hat.

Er besorgt sich zuerst eine große Styroporkiste, die er am besten von der Phono- oder Möbelbranche beschafft. Zur zusätzlichen Wärmedämmung werden alle Seitenwände, der Boden und der Deckel mit mehreren Lagen Zeitungspapier versehen (siehe Abb. 9). Alle Küchenabfälle bringen wir dann solange ein, bis die Kiste zu $^3/_4$ gefüllt ist. Zwischenzeitlich besorgt man sich vom Misthaufen eines Angelfreundes

| tote u lebende Köderarten | Brotvariationen | Teig | Getreide | Nudeln | Kartoffel | Käse | Erbsen-Bohnen | Früchte auch Konserven | Fleischprodukte | Darm-Hirn-Blut | Würmer | Maden | Fliegen | tote Insekten | Muscheln Kerbtiere | Laich | Köderfische | Fischfetzen-Stücken | Pierer Nereiden | Kunstköder | Fliegen Nympfen | Streamer Großfliegen | Spinner | Blinker | Wobbler | Tucker | Pilker | Zopf | Kleintier-Imitat. | Mormyschken |
|---|---|---|---|---|---|---|---|---|---|---|---|---|---|---|---|---|---|---|---|---|---|---|---|---|---|---|---|---|---|---|
| Aland | ∘ | ∘ | ∘ | ∘ | | • | ⊕ | | ⊕ | | ○ | ○ | • | • | | | | | | ● | • | | ∘ | | | | | | | • |
| Barbe | ∘ | ∘ | | ∘ | | ⊕ | | | ○ | • | ● | ○ | ⊕ | | ⊕ | | | | | | | | | | | | | | | |
| Blei-Güster | ● | ○ | | ○ | ⊕ | • | ∘ | | • | | ○ | ⊕ | | ∘ | | | | | | | | | | | | ∘ | | | | |
| Döbel | ⊕ | • | | | | ● | | ⊕ | ○ | ○ | ● | ⊕ | | ∘ | • | • | ⊕ | ∘ | | ● | ∘ | ∘ | ∘ | | | | | | | |
| Hasel | ∘ | | | | | • | | | • | | ⊕ | ○ | ⊕ | • | | | | | | | | | | | | | | | | ∘ |
| Karpfen | ● | ○ | ⊕ | ⊕ | • | ⊕ | ⊕ | | ⊕ | | ⊕ | ⊕ | | ∘ | | | | | | | | | | | | | | | | |
| Nase | ⊕ | • | | | | ● | | | | | ○ | ○ | ⊕ | ○ | ∘ | | | | | | | | | | | | | | | ∘ |
| Plötze | ○ | • | • | • | • | • | ⊕ | | ⊕ | | ○ | ● | ○ | ○ | ∘ | | | | | | | | | | | | | | | |
| Rapfen | | | | | | | | | ∘ | | • | | | | | | ○ | ⊕ | | ⊕ | • | ⊕ | • | • | | ⊕ | | ⊕ | | |
| Rotfeder | ● | ○ | ⊕ | • | ∘ | • | ⊕ | | ⊕ | | ⊕ | ○ | ⊕ | ○ | ∘ | | | | | | ∘ | | | | | | | | | ∘ |
| Barsch | | | | | | | | | | | ○ | ⊕ | • | | | | ● | ○ | | ○ | ○ | ○ | ● | ○ | ⊕ | ● | ⊕ | | ⊕ | • |
| Hecht | | | | | | | | | | | | | | | | | ● | ⊕ | | ○ | | ⊕ | ○ | ○ | ● | • | | ⊕ | | |
| Quappe | | | | | | | | | | ● | ● | | | | ○ | ● | ⊕ | ○ | | | | | | | | | | | | |
| Wels | | | | | | | | | | • | ○ | | | | ⊕ | | ○ | ∘ | | | | | | | | | | | | |
| Zander | | | | | | | | | | | ⊕ | | | | | | ● | ○ | | ⊕ | | • | ⊕ | ⊕ | ⊕ | ⊕ | | ⊕ | | |
| Äsche | | | | | | | | | | | • | • | ⊕ | • | | | | | | | • | | | | | | | | | ∘ |
| Huchen | | | | | | | | | | | | | | | | | ● | ∘ | | ○ | | ⊕ | • | ⊕ | ⊕ | | | ● | | |
| Meerforelle-Lachs | | | | | | | | | | | | | | | | | ○ | • | | ● | | ⊕ | ○ | ○ | ⊕ | ○ | | | • | |
| Seeforelle | | | | | | | | | | | | | | | | | ● | ∘ | | ⊕ | | ∘ | • | ⊕ | ⊕ | | | ○ | | |
| Seesaibling | | | | | | | | | | | ⊕ | | • | | • | | ⊕ | | | • | ∘ | • | • | ∘ | ∘ | ∘ | | • | | • |
| Dorsch | | | | | | | | | | | | | | | ⊕ | | | • | ● | ● | | ○ | ⊕ | • | | | ● | | ○ | |
| Hering | | | | | | | | | | | | | | ∘ | | | | | • | ∘ | ⊕ | | | | | | | | ● | • |
| Scholle | | | | | | | | | | • | ⊕ | | | | ⊕ | | | • | ● | | | | | | | | | | • | |

Zeichenerklärung:
∘ = normal
• = gut
⊕ = sehr gut
○ = bevorzugt
● = speziell

oder beim Bauern einen halben Eimer wurmträchtigen Mist oder Kompost und schüttet den dazu.

*Abb. 9. Styropor-Mistwurmkiste mit Zeitung zusätzlich gegen Frosteinwirkung geschützt. Der Behälter (in diesem Fall Lautsprecherverpackung) kann ohne weiteres im Freien, auch auf dem Balkon, aufgestellt werden und sollte gut verschlossen sein. Einige Luftlöcher im Deckel.*

Schon nach vier Wochen wird in der nun eigenen Zucht reges Leben herrschen, und die ersten Köder können ihrer Bestimmung zugeführt werden. Langsam verarbeiten die Würmer den eingebrachten Abfall, so daß häufiger nachgefüllt werden kann. Die Eigenwärme des Kompostierungsvorgangs hält selbst extremer Kälte stand, so daß zusätzlicher Schutz nicht mehr nötig ist.

Unsere Angetraute können wir binnen kurzer Zeit davon überzeugen, daß diese, ihr doch eigentlich willkommene Abfallvernichtung auch keinen unangenehmen Geruch verbreitet und die Würmer nicht über den Balkon krabbeln, da sie sich in ihrem Element sehr wohl fühlen.

*Abb. 8. Winterliches Köderangebot, ausreichend zum Fang aller genannten Fische. Die Tabelle zeigt, daß die Einschränkungen gegenüber dem Sommer unwesentlich sind, bzw. kaum Änderungen eintreten. Berücksichtigt man noch die umfangreichen Möglichkeiten der Brot- und Fleischproduktköder, wird der Winterangler nie in Köderverlegenheit kommen.*

Man kann auf ähnliche Art auch *Tauwürmer* überwintern und vermehren. Dazu empfiehlt sich ein Mörtelkübel, eine Holz- oder Styroporkiste mit größeren Abmessungen. Standort sollte der frostfreie Keller sein. Schon im Herbst belegt man den Boden der Kiste mit Moos. Dann folgen ca. 20 cm sauberes Laub mit ein wenig nahrhaftem Waldboden. Nach einer Schicht kleingerissenen Zeitungspapiers kommt noch einmal die gleiche Menge Laub. Schließlich decken ganze, feuchte Zeitungslagen die Oberfläche ab. Die in den letzten warmen bzw. feuchten Herbstnächten gesammelten Tauwürmer werden auf die Oberschicht gelegt und nach etwa 2 Stunden diejenigen abgesammelt, die noch keinen Weg hinunter in das Innere der Kiste gefunden haben. Abb. 10 verdeutlicht Aufbau und Inhalt der Kiste.

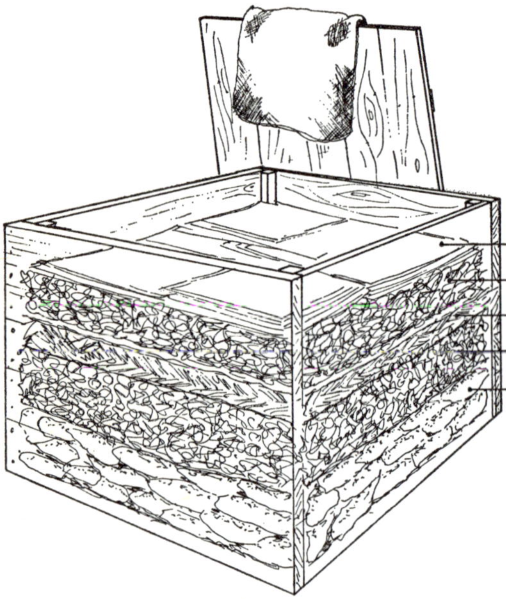


*Abb. 10. Tauwurm-Zuchtkiste für Innenraum. Das Holz darf von innen nicht präpariert werden. Der Inhalt wird feucht – nicht naß! – gehalten. Im Frühjahr läßt sich der Behälter auch gut im Freien verwenden, indem man ihn an einem schattigen Platz bis zur Hälfte im Boden versenkt. In einem viertel Jahr kann sich die Wurmzucht verachtfachen, so daß man im Winter bereits einen guten Grundstein für die erweiterte Zucht des nächsten Jahres legen kann.*

Nun darf man sicher sein, nur gesunde Würmer in der Zucht zu haben, die durch regelmäßige, nicht zu starke Befeuchtung sowie Fütterung mit Kaffeesatz und frischem Blättersalat zweimal in der Woche versorgt wird. Übriggebliebene Nahrung wird bei der nächsten Fütterung abgesammelt, damit sich keine Schädlinge darauf bilden können. Alle zwei Wochen müssen zusätzlich die oberen Zeitungslagen erneuert werden.

Nach 8 Wochen haben sich die Würmer bereits stark vermehrt und können teilweise schon entnommen werden. Dafür wird nicht der ganze Kasten durchwühlt, sondern nur zwischen den oberen Lagen gesucht. Halten sich dort keine Würmer auf, wird etwas mehr angefeuchtet oder ein nasser Leinensack (sauber!) auf die Zeitungen gelegt, und schon nach einer halben Stunde befindet sich zwischen Papier und Stoff eine ausreichende Anzahl Würmer für den Angeltag.

Abschließend wollen wir *Maden* und *Mehlwürmer* nicht vergessen! Das Angebot im Fachhandel ist groß, so daß von einer eigenen Zucht abgesehen werden kann. Sie würde auch ganz bestimmt nicht das Einverständnis unserer holden Mutti finden. Als Köder sind Maden in der Winterzeit unentbehrlich. Sie runden die Köderpalette bestens ab. Wer trotzdem nicht zufrieden ist, kann noch einige Miesmuscheln aus dem Wasser harken und mit kleinen Stücken des weichen Fleisches Fangversuche machen. Später werde ich noch auf einige spezielle Anköderungsformen zurückkommen, die der verringerten Nahrungsaufnahme verschiedener Fischarten gerecht werden.

Vorerst aber möchte ich die Freunde der Meeresangelei nicht vergessen. Sie haben das Glück, das ganze Jahr über ihren Universalköder, den Wattwurm, graben oder stampfen zu können. Reicht die Zeit dazu nicht aus, bleibt immer noch die Möglichkeit, Wattwürmer frisch lebend oder konserviert zu kaufen.

Letztlich sei mir noch die Bemerkung über einen ganz speziellen *Allroundköder* erlaubt, nämlich das Ergebnis jeden Anglers eigener *Phantasie*.

Es ist nicht selten vorgekommen, daß ich „ohne alles“ zum Angeln gefahren bin. Nichts, aber auch gar nichts befand sich in meinem Rucksack. Doch irgend etwas Brauchbares läßt sich immer auftreiben. Vielleicht kommt man an einem Bauernhof vorbei und darf im Mist wühlen. Andernfalls hat der Schlachter schon auf oder der Bäcker. Im Uferschlamm ist immer ein wenig Leben. Der alte knorrige Baum verbirgt unter seiner Rinde viele Larven, und selbst die letzten toten Insekten, auch Fliegen, sind nahezu ideal.

Wie gesagt, ohne Phantasie sollte man nicht angeln. Doch mit ist es ein außerordentliches Vergnügen – in jeder Beziehung.

## Die kleinen, großen Tricks und Kniffe

Absichtlich kehre ich schon jetzt zum Eisloch zurück, um mich mit dem Extremfall zu beschäftigen. Für die übrigen Angelarten am offenen Wasser wandeln wir die technischen Anleitungen des Sommerfischens lediglich ab oder mindern den Aufwand. So werden wir, nach meiner Ansicht, den Anforderungen des Winterangelns bestens gerecht.

Das Eisloch wird also so groß gemacht, daß man auch einer möglichen Überraschung gerecht werden kann. Das heißt: wir müssen einen kapitalen Fisch mühelos hindurchbekommen. Der Kescher ist dafür natürlich ungeeignet. Sonst müßte die Öffnung viel zu groß sein, und ein Mensch könnte hineinrutschen. Das ist unverantwortlich und auch verboten.

Nein, am Eisloch landet man alle Fische mit der Hand oder, wenn es brenzlig wird, mit dem Gaff. Dafür genügt ein Lochdurchmesser von höchstens 25 cm vollauf.

Wird das Eisloch geschlagen, und auch bei den Vorbereitungen dazu, entledigt man sich möglichst aller überflüssigen Kleidung. Dadurch kann man sich nicht nur besser bewegen, sondern Schweiß und Feuchtigkeit treten leichter aus. Anschließend kommt der Körper zur Ruhe, und die wieder angelegte Oberbekleidung hält den Angler schützend warm.

Anfüttern erfordert beim Winterangeln Spezialkenntnisse, sollen überdurchschnittliche Erfolge erzielt werden.

Das Anfütterungsmittel muß konzentriert, also wenig auseinander gestreut unter dem Hakenköder liegen, um die im Winter bewegungsfauleren Friedfische immer wieder dort hinzulocken und festzuhalten.

Dafür empfiehlt sich nur schweres bzw. schnell sinkendes Futter in geringer Menge. Feste Paniermehlkugeln halte ich für das Beste. Selbstverständlich kommen auch Muttis Brotreste in Frage, doch werden auch sie nach dem Aufweichen durch Haferflocken, Trockenpüree oder Gries als Beimengung in feste Konsistenz versetzt, zu walnußgroßen Kugeln geformt und abgelassen. Sie lösen sich durch die immer vorhandene Drift langsam auf, verbreiten schließlich eine gezielte Duftfahne und wirken sich erfahrungsgemäß gut aus. Wird eine Futterstelle für den nächsten Tag präpariert, sollte man Kartoffelschalen abkochen und sie mit trockenen Haferflocken oder Paniermehl „anbinden". Jetzt reichen einige faustgroße Bälle, und man hat gut vorgesorgt.

Das Hältern der gefangenen Fische ist gleichwohl gut zu überlegen. Durch den geringen Stoffwechsel und die schnelle Anpassungsfähigkeit der Fische reicht oft ein großer Eimer aus, den wir sonst auch für die viel kleineren Köderfische verwenden würden. Doch wenn's „dicker" kommt, gilt es, sich zu entscheiden. Entweder man schlägt den Fang sofort ab und verstaut ihn, oder man schlägt in einer Entfernung ein zweites Loch, das einen flexiblen Setzkescher als „Hälter" aufnimmt (siehe Abb. 11).

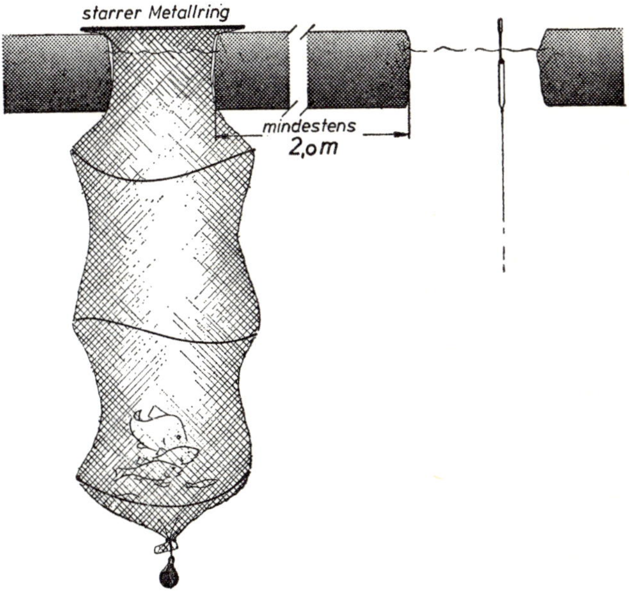


*Abb. 11. Eislochhältern gefangener Fische mit flexiblen Setzkescher. Am unteren Ende ist das Netz mit einem Senkblei beschwert. Ein Mindestabstand von 2,00 m zum Angelplatz muß eingehalten werden, damit gehakte und seitlich abziehende Fische nicht mit dem Netz kollidieren.*

Es gibt für mich nichts Unangenehmeres, als wenn neben der Angelstelle unvollkommen versorgte Fische auf dem Eis herumspringen oder mit der Schwanzflosse letzte Zuckungen zeigen. Diese Art Fangkünstler hinterlassen auch bei den Passanten und neugierigen Schlittschuhläufern einen schlechten Eindruck, den wir uns gemeinsam ersparen sollten.

Damit sind wir auch gleich bei einer Unannehmlichkeit: den ewig störenden, immer fragenden und eben anders interessierten Mitbürgern. Ein Angler im Winter, und dann noch auf dem Eis, erweckt Neugier. Die Frager werden zu Plagegeistern, obwohl sie es selbst sicher nicht sein wollen.

Unser Bemühen, höflich zu bleiben, wird nicht immer honoriert, und einer nach dem anderen saust auf Kufen an der Angelstelle vorbei. Ich habe eines Tages, auch auf die Gefahr hin, mich lächerlich zu machen, zu einer Notlösung gegriffen, die respektvoll akzeptiert wurde. Auf ein kleines Stück Pappe schrieb ich folgenden Text: „Viel Spaß, doch laßt mir bitte meine Ruhe".

Das Schildchen stellte ich in gebührendem Abstand, ca. 6 m vom Loch mir gegenüber auf, und es wirkte Wunder. Wenn man zu mir wollte, wurde die Angelstelle im Bogen umfahren. Man war leise und rücksichtsvoll.

Gerade im flachen Wasser ist das sehr wichtig, denn anscheinend mögen die Fische das Geräusch der Schlittschuhkufen überhaupt nicht.

Selbstverständlich schlage ich nie dort ein Loch, wo erfahrungsgemäß immer emsiges Wintersporttreiben herrscht, auch dann nicht, wenn es sich dort um vielversprechende Angelstellen handelt. So bin ich mit meinen Mitmenschen immer gut ausgekommen.

Nach dem Fertigstellen des Loches muß dort absolute Ruhe einkehren. Darum habe ich es mir zur Pflicht gemacht, so wenig wie möglich dorthin zurückzukehren oder mich dort unmittelbar niederzulassen. Das hört sich zwar schwierig an, ist aber einfach durchzuführen. Darum möchte ich auf dieses Thema der *Eisloch-Abstandtechnik* näher eingehen und gleichzeitig über die Angelei auf Friedfische plaudern.

Diese lassen sich fast in jedem Gewässer ohne Rücksicht auf dessen Schnitt- oder Gesamttiefe in flachere Bereiche hoch- oder anfüttern. Selbst in extrem tiefen Seen gelingt es meistens, auf 4 bis 5 m tiefen Stellen erfolgreich zu füttern und zu angeln. Dieses Beispiel lege ich der anschließenden Schilderung vorerst zugrunde. Ich suche also in mir bekannten Gebieten eine solche Angelplatz-Beschaffenheit oder erfrage sie bei fremden Gewässern.

Dann montiere ich eine Rute von ca. 5 m Länge, die es mir erlaubt, mit feststehender Pose zu angeln. Das ist bequemer und schneller, da Laufposen oft durch das an der Führung gefrierende Wasser einfach nicht einwandfrei funktionieren können.

Noch mehrere Vorteile stellen sich nun ein. Erstens wird meine Schnur von der Pose bis zur Rolle so lange nicht naß, bis ich einem größeren Fisch nachgeben muß. Ohne Mühe kann ich also Rotaugen und alle Fische bis zu ca. 2 Pfund landen. Zweitens halte ich einen respektablen Abstand vom Eisloch, indem ich mich entsprechend der Rutenlänge entfernt niedergelassen habe.

Selbstverständlich ist mir klar, daß es einigen Lesern eigenartig vorkommt, daß ich entgegen früheren Traditionen so langes Gerät für das Eislochangeln empfehle. Doch haben sich die Vorteile sehr klar herausgestellt. Natürlich ist der Gebrauch so langer Ruten nicht in jedem Fall richtig.

Oft werden sie aber auch noch dann zum Vorteil, wenn das Wasser so flach ist, daß wir uns einfach von der Angelstelle entfernen müssen, um nicht selbst Anlaß des Argwohns der Fische zu werden.

Allgemein gehen wir also zusätzlich davon aus; je flacher das Wasser je weiter die Entfernung des Anglers zum Loch und desto länger gegebenenfalls die Rute. Das heißt aber auch, daß sich diese Umstände mit größerer Tiefe, wo schließlich dann doch eine Laufpose verwendet wird, ändern und die immer kürzere Rute, bis schließlich hin zur Pilkrute (siehe Barschangeln) oder zur Mormyschka benutzt werden.

Ein zusätzlicher, kleiner Tip am Rande: der Friedfischangler steht möglichst nie im Licht – in der Sonne zur Angelstelle –, da er sonst einen gewaltigen Schatten auf diese Angelstelle wirft, der sich zusätzlich noch bewegt. Fische nehmen diese Erscheinung sogar unter beschneitem Eis wahr und reagieren entsprechend. Also: wenn möglich angelt man gegenüber oder seitlich der Sonne und trotzdem soweit wie möglich mit Abstand zum Loch.

Auch das *Nachfüttern* wird vereinfacht, indem man zeitweise 3 bis 5 Futterkufeln direkt neben das Loch legt und diese mit der Rutenspitze in entsprechenden Zeitabständen hineinbefördert.

Drittens, und als das Wichtigste, habe ich durch derart vorsichtiges Verhalten, gerade in flachen Bereichen, den Grundstein dafür gelegt, dem neugierig gewordenen Karpfen zu begegnen, ihn nicht argwöhnisch zu machen und so einem Winterangeltag die Krönung abzugewinnen.

Damit sind aber die Möglichkeiten am Eisloch beim Friedfischangeln noch lange nicht erschöpft, denn wenn Schonzeiten und Regionalbestimmungen es erlauben, kann man in einem zweiten Loch (Abstand vom ersten ca. 2,5 m) noch eine *Stellfischangel* auslegen, was außerordentlich erfolgversprechend ist, da alle Raubfische gern den Friedfischansammlungen folgen und sich vorwiegend an einem Einzelgänger vergreifen. und den stellt unser Köderfisch in verlockender Weise dar.

Nun bleiben uns eigentlich nur noch die Gedanken an den nächsten

Angeltag. Meistens frieren nämlich die Löcher durch die zusätzliche seitliche Kälteeinwirkung schnell wieder zu, und der neue Morgen beginnt wieder mit der schon geschilderten Unruhe. Dem kann man entgegentreten, wenn aus dünnen Styroporstreifen eine Art Kasten in das Eisloch gelegt bzw. geklemmt wird.

Das Mittelstück läßt sich dann sehr leicht wieder eintreten. Das Loch wird insgesamt wieder auf die gewünschte Größe gebracht, und der Angeltag kann schnell beginnen.

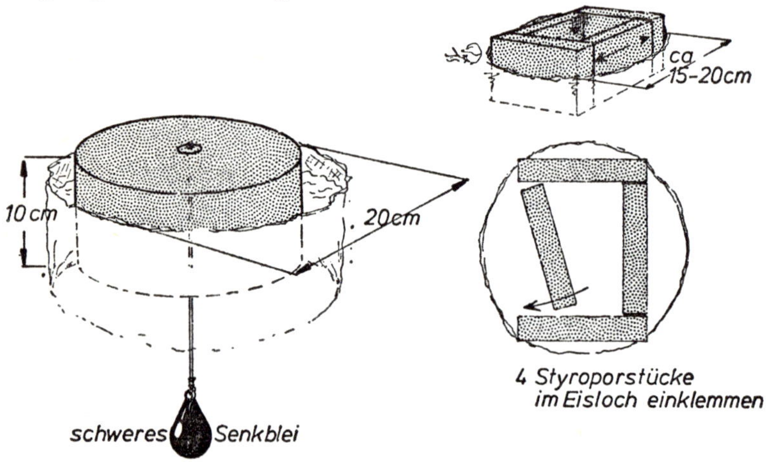


*Abb. 12. Eislochschutz gegen Frost. Styropor konserviert Wärme und eignet sich besonders gut für das Offenhalten des Eisloches. Der ‚Eislochkorken' (links) erhöht die Wirkung durch ständige Bewegung. Man kann aber auch Styroporleisten verwenden (Abb. rechts).*

Selbstverständlich sollte man die Styroporstücke und Reste davon sorgfältig verstauen und später in den Ascheimer werfen. Denn das Material sieht später in der freien Natur nicht nur schändlich aus, sondern es sammelt sich in den Uferregionen zu unappetitlichen Anhäufungen, die sich wegen der Materialbeschaffenheit nicht selbsttätig vernichten, sondern den Kräften der Natur fast unbegrenzten Widerstand bieten.

Noch besser für den Zweck des *Eislochschutzes* ist natürlich ein fast gleichgroßer Styropor-Pfropfen. Dieser wird ein wenig beschwert, so daß er ca. 5 cm eintaucht. Nun müßte es schon gewaltig frieren, daß sich binnen 24 Stunden unter dem Kunststoff überhaupt Eis bildet. Das Material dafür erhält man in Baugeschäften in Form von 8 bis 10 cm dicken Isolierplatten, aus denen man sich die passende Größe schon im Hause zuschneidet.

Ganz Sorgfältige werden später auch der Suche nach der Beschwerung dadurch aus dem Weg gehen, daß sie den Lochschutz mit einem schweren Hochseeblei seine eigene Verankerung montieren (siehe Abb. 12).

Einen weiteren, lange anhaltenden Eislochschutz kann man auch mit Styropor-Kugeln und Splitt erreichen, indem man einfach so viel davon einstreut, bis das Loch plan mit der Eisfläche gefüllt ist. Man wird diese Füllung natürlich mit einem Tuch, Zweigen oder Schnee abdecken bzw. beschweren, damit der Wind die leichten Kunststoffstückchen nicht wegträgt.

Am nächsten Tag muß natürlich aus bereits geschilderten Gründen alles sorgfältig wieder eingesammelt werden. Bei sehr starkem Frost wird sich zwar trotz Styropor eine Eisschicht gebildet haben, die aber wiederum so porös ist, daß man sie, ohne viel Unruhe zu erzeugen, leicht durchstoßen kann.

Wie gesagt, mit ein wenig Phantasie! Aber das hatten wir ja schon.

# Praktiken

## Am offenen Wasser

Mit zunehmender Abkühlung des Wassers gilt es für den Angler sorgfältiger, konzentrierter, also noch aufmerksamer als sonst zu fischen. Das trifft insbesondere wieder auf die Friedfische zu, mit denen wir uns vorerst beschäftigen. Immer stärker muß die Anpassung an den geminderten Appetit und an die sich verstärkende Lethargie werden. Das wird erstens durch entsprechend sensibleres Gerät erreicht. Das ist auch zu verantworten, da der im Sommer übliche Wasserpflanzenbewuchs fehlt. Der Fisch kann also nicht unverhofft ins Krautdickicht entwischen. Zweitens werden die Köder besonders sorgfältig zubereitet sowie angeboten. Gleichzeitig sollten sie in den meisten Fällen kleiner sein als in der warmen Jahreszeit.

Wo im September 4 Maden gerade richtig waren, können jetzt 2 schon zu viel sein. Der halbe Wurm am Kleinhaken (evtl. aufgehellt durch eine Made) wird ebenso seine Wirkung nicht verfehlen, wie die tote Stubenfliege oder alle im Köderartikel aufgeführten Leckerbissen.

Vor solchen Erwägungen jedoch liegt die gewissenhafte Angelplatz-Entscheidung.

Grundsätzlich muß davon ausgegangen werden, daß fast alle Weißfische unruhiges Wasser und Strömungen zu meiden suchen und sich langsam in tiefere Wasserschichten zurückziehen.

Diese Verhaltensweisen variieren aber in den jeweils *unterschiedlichen Gewässertypen*. Einige davon werden uns jetzt beschäftigen.

Nehmen wir anfangs als Beispiel einen relativ flachen See (bis 3 m tief) ohne Zulauf. Vom Sommer her ist es der Angler gewohnt, seine Köder vor dem Kraut und an ihm bekannten Bänken zu plazieren oder andere kleine Untiefen zu suchen. Mit den absterbenden Wasserpflanzen und nach den letzten rauhen Herbststürmen nimmt der Sauerstoffgehalt des Wassers schnell ab. Der verminderte Körper-Stoffwechsel verringert nun wiederum den Appetit der Fische bis zur fast völligen Lethargie. Sie tritt hier bestimmt dann ein, wenn dieser Gewässertyp vollkommen zufriert und die Wassertemperatur unter 2 Grad sinkt. Selbst dann haben wir in den tiefsten Mulden und an strahlenden Sonnentagen vom Eisloch aus immer noch eine Fangchance.

So lange das Wasser aber offen ist, kann der Angler den Fischen von den bekannten Plätzen aus folgen und sich auf die Außentemperaturen einstellen, indem er nach der allgemeinen Regel „je kälter je tiefer" angelt. Warme Tage bilden wieder die Ausnahme und verlangen sofortige Reaktion des Anglers, wenn man nicht im Trüben fischen will. Jetzt muß er also flacher fischen.

Unwesentlich ändert sich das Verhalten in größeren Seen, ob mit oder ohne Zulauf. Wenn im Sommer oder Spätherbst die Angelei schließlich dort am erfolgreichsten war, wo die Tiefe nah ans Ufer reicht bzw. steile Kanten vorkommen, sollte man sich daran auch weiter orientieren.

Sind Wasserzuflüsse vorhanden, werden sich die Fische sicher wenigstens in der Nähe weiterhin aufhalten, die Strömung aber meiden. Die Hoffnung auf mit dem Wasserstrom kommende und langsam absinkende Nahrung bleibt für die Fische auch im Winter bestehen. Wie tief man angelt hängt selbstverständlich von der Gesamtstruktur des Gewässers ab. Doch so lange die Seen nicht zufrieren, sind die Geschuppten bis in Tiefen von 8 m anzutreffen und werden bei geschickter Anfütterung noch wesentlich flacher geangelt.

Sauerstoffmangel und Kälte, die bei den Fischen bis zur fast völligen Lethargie führen können, treten in solchen Gewässern nie ein. Da die Höhe des Sauerstoffgehaltes auch den Appetit bestimmt, kann an unbekannten Gestaden ein Sauerstoffthermometer oft mehr helfen als das Lotblei. Kanäle und Fließgewässer weisen wieder andere Merkmale auf und sind im Winter noch einfacher zu beangeln als stehende. Durch die dauernde Bewegung kann nicht von bestimmten, festliegenden Sauerstoffwerten und Temperaturen gesprochen werden. Die Wasserbewegung fordert schon stärkere Muskelarbeit vom Fisch, wodurch der Hunger angefacht wird. Selbst bei den typischen Bißmerkmalen sind genau die gleichen Unterschiede festzustellen wie im Sommer. Im allgemeinen nehmen Fische den Köder in bewegtem und fließendem Wasser etwas zügiger als im stehenden Wasser eines Sees. Es kann also durchaus vorkommen, daß der Angler in seinem Fließgewässer noch sehr gut fängt, wenn im nahe gelegenen Teich Köder kaum noch angenommen werden.

Versuche in Kanälen haben ergeben, daß mit zunehmendem Frost eine große Ortsveränderung der Fische in Richtung auf die Schleusen, Zuflüsse und evtl. angeschlossener Seen eintritt. Hier spielt anscheinend der Nahrungsgedanke die untergeordnete Rolle, da die Flossenträger nun dem sauerstoffhaltigeren Wasser nachstreben. Der Sauerstoff gelangt auch durch Wasserbewegung in die Tiefe und fördert dabei gleichzeitig wieder den Appetit. Der unterbrochene Kreislauf in der

Natur kommt also dem Angler stets wieder zu Hilfe, und es wäre wirklich vermessen, wenn er glaubt, die sonst erfolgsträchtige Stelle müsse ihn immer zufriedenstellen. Er selbst muß sich all diesen Gegebenheiten anpassen, was auch der Grund dafür ist, daß ich dies mehrfach und auf jeden Gewässertyp bezogen einzeln anspreche. Die Wahl des Angelplatzes erfolgt keineswegs nur nach den eigenen und fremden Erfahrungen, sondern vorrangig auch nach den örtlichen und zeitlichen Gegebenheiten. Erst dann werden sich gute Vorbereitungen wirklich lohnen.

Zu diesen Vorbereitungen gehört das mit besonderer Sorgfalt gehandhabte Lotblei. Denn das Ausloten dient nicht nur der Feststellung der Wassertiefe und der Schwimmermontage, sondern auch der Suche nach der bestmöglichen Stelle an diesem Angelplatz. Ausloten ist eine Kunst, die einen Angler so überlegen machen kann, daß er Fisch auf Fisch fängt, ohne daß sein Nachbar auch nur einen Biß registriert.

Diese Grundvoraussetzung für allgemein erfolgreiches Friedfischangeln wird häufig noch viel zu wenig beachtet. Darum möchte ich näher darauf eingehen und zuerst eine Schilderung der üblichen Angelmethode geben. Der Angler hat einen genehmen Platz gefunden, packt aus, macht seine Angel fertig, klemmt das Lotblei an und ermittelt die Tiefe des Reviers. Anfüttern, beködern, warten. Dann kommen einzelne Bisse, wenn man Glück hat. Man ist zufrieden.

Ich bin ein Fanatiker. Mir läßt es keine Ruhe, wenn ich nicht weiß, ob ich optimal fische. Das heißt, ob alle Möglichkeiten ausgeschöpft sind, um zu einer guten Strecke zu kommen.

Darum lotete ich oft so lange, daß bei früheren Wettangeln meine Nebenleute schon ihren Köder im Wasser hatten, während ich immer noch den bestmöglichen Futterplatz ermittelte.

Warum? Fische halten sich nicht gern über vollkommen planem Untergrund auf. Sie stehen an kleinen Erhebungen, in Mulden, Gumpen oder vor Hindernissen.

Selbst an der Scharkante suchen sie nach Unebenheiten und wissen genau, daß nur solche Verhältnisse zeitweise Freßbares für sie abwerfen. Selbstverständlich spielt dabei auch die Möglichkeit guter Deckung vor Raubfischen eine große Rolle. Ein umgestürzter Baum wird z. B. im sonst vollkommen fischarmen Wasserbereich kurzfristig zu einem Eldorado und zu einer neuen ‚Heimat' für viele Fischarten.

Sie suchen die erwähnten Stellen immer wieder auf oder stehen günstigenfalls schon dort. Erst wenn der Angler in seinem Bereich die größte Unebenheit oder ähnliches gefunden hat, wird neben, auf und, wenn Drift vorhanden ist, dahinter geangelt.

Jetzt landet das Futter also am richtigen Platz. Aus den Einzelfischen wird ein Schwarm und immer mehr Neugierige kommen hinzu, womit sich auch die Chance auf ein kapitaleres Exemplar erhöht.

Wichtig ist noch die zusätzliche *Nachkontrolle der Tiefe*. Oft habe ich damit nicht nur die Menge, sondern auch die Größe der Fische geradezu selbst bestimmen können. 10 cm zu hoch angeboten, wurde der Köder vorwiegend von kleinen Fischen genommen. Etwas tiefer waren es größere, und der über den Grund schleifende Köder brachte gar manch Überraschung. Das muß natürlich nicht immer so sein und wird variiert, indem man genau den Moment herausfindet, der den langsamer werdenden Bewegungen unserer Schuppenträger am weitesten entgegenkommt. Der Köder bewegt sich also zum Fisch und das selbst auf kürzeste Entfernungen.

Ein verändertes Bild treffen wir an *Warmwassereinläufen* von E- und anderen Kraftwerken an. Hier sind die Fische lebendiger, voller Appetit, und es kann zu richtigen Fangorgien kommen. Sogar die Witterungseinflüsse spielen hier oft eine untergeordnete Rolle, und lediglich schlagartige Luftdruckveränderungen machen sich positiv oder negativ bemerkbar.

Hier handelt es sich also nicht um typisches Winterangeln, sondern lediglich um Winterangler am sommerähnlichen Wasser. Doch auch hier steht Können im Vordergrund. Das Wissen um Strömungs- und Wasserberuhigungsabschnitte sowie um die Schichten absackender Aufwühlungen kann man nur durch aufmerksame Beobachtung und reichliche Angelstellentests erwerben. Das Bestreben der Fische, aus möglichst klarem bzw. sauberem Wasser genau die Zone zu finden, in der die meisten freßbaren Partikelchen absinken, muß die gleichen Bemühungen beim Angler hervorrufen. Er wird darum immer so nah als möglich vor dem Kraftwerk beginnen und so lange seinem Futter abwärts nachangeln, bis er den Verdacht von Fischansammlungen hat. Das kann allerdings am nächsten Tag bei verändertem Wasserzulauf natürlich wieder ganz anders aussehen, und der Test beginnt von vorn. Er endet möglicherweise an einer ganz anderen Stelle.

Für diese und andere Gewässerarten muß noch einmal wiederholt werden: Sorgfalt in jeder Beziehung, feinstens austariertes Gerät und höchste Konzentration kennzeichnen den erfolgreichen Winterangler. Bequemlichkeit führt zum Mißerfolg.

Nicht ganz so extrem trifft das für den *Raubfischfang* zu. Technik und Gerät bleiben am offenen Wasser denen des Herbstes oder Frühjahrs weitgehend gleich. Nur die Räuber verändern ihr Verhalten, dem sich der Angler anzupassen hat. Barsch und Zander rudeln fast nur noch in der Tiefe. Der Hecht hat seine Kraut- und Seerosenreviere verloren und verlassen und treibt sich in den Wasserschichten der Friedfische oder dicht darunter herum. Quappe und Wels sind zwischen Steinen und bei Unterständen in der Tiefe zu finden. Das Freßverhalten und die Beutetiere bleiben wieder die gleichen, womit wir beim Raubfischangeln ebenfalls nicht von einer speziellen Art der Winterangelei auszugehen brauchen. Dennoch werde ich bei den Fanganleitungen auf einige Besonderheiten technischer Art für die kalte Jahreszeit zurückkommen.

## Vom Boot

Das *Angelboot* verliert mit zurückgehenden Temperaturen verständlicherweise an Attraktivität. Wer weiß, wie kalt es auf dem Wasser sein kann, wird Verständnis dafür haben. Trotzdem gehöre ich zu denjenigen, die sich nicht entschließen können, den Kahn vor dem 31. 12., dem Beginn der Schonzeit für Hecht und Zander, aus dem Wasser zu nehmen. Und wenn ich daran denke, wieviel kapitale Raubfische an kalten, ungemütlichen Tagen in meinem Fischkasten gelandet sind, wird sich das auch nie ändern. Bootsangler im Winter sind Fanatiker mit großen Erfolgsaussichten.

Ich werde in meinem ganzen Leben die Begegnung mit einem solchen Angler auf einem großen Holsteiner See nicht vergessen. Ich lag im Windschatten, und es kam Sturm auf. Ein Uferangler machte mich auf den an der anderen Seeseite angelnden Veteranen aufmerksam. Im Fernglas konnte ich das kräftig schlingernde Boot gut ausmachen und wußte sofort, daß der alte Herr, als Winterhechtangler unübertroffen, den Gewalten nicht mehr gewachsen war. Er hatte zwar solche Situationen früher damit gemeistert, daß er seinen Anker lichtete, einfach gegen das Ufer trieb und ausstieg. Doch nun war er wirklich nicht mehr der Jüngste. Ich tuckerte mit meinem Außenborder los und machte ihm Zeichen, ich wolle ihm helfen und ihn in ruhigeres Wasser ziehen.

Als ich näherkam sah ich, daß er nicht einmal mehr in der Lage war, seinen Anker zu lichten, sondern sich tief in das Boot gesetzt hatte, um nicht hin und her geworfen zu werden. Mein Anker landete in seinem Bootsbug. Dann zog ich langsam gegen den Wind an, und die schlimmsten 20 Minuten meines Anglerlebens begannen. Es schien, als kämen wir überhaupt nicht vorwärts, als wären wir zu Spielbällen der Natur geworden. Welch ein Leichtsinn.

Mein Sportsfreund lag nun fast in seinem Boot, und meine Sorgen um seinen Gesundheitszustand wuchsen von Welle zu Welle. Endlich! Die Hänge des gegenüberliegenden Ufers begannen uns zu decken. Der Rest war eine Kleinigkeit. Meine Arme schmerzten. Hatte ich doch den Anker des nachfolgenden Bootes, zwar über sehr tiefem Wasser, mitgezogen, den langsam laufenden Motor festgestellt und gerudert, um dem Boot den besten Schwerpunkt zu geben, nicht aus der Richtung zu kommen oder umzuschlagen. Mir reichte es jedenfalls. Nun wollte ich mich erholen und zog seinen Kahn zu mir heran. Unser alter Haudegen meinte, das reiche ihm auch, ließ seinen Anker neu fallen und brachte die immer noch achtern raushängenden Angeln wieder in Ordnung, um weiter zu fischen. Mir war nicht mehr danach zumute, und ich machte Feierabend.

Für das Friedfischangeln verliert das Boot im Winter seinen Reiz, denn Weißfische erreicht man jetzt wegen der abgestorbenen Bewuchsfelder meistens leichter vom Land aus. Es muß schon eine Ausnahmesituation sein, wenn ich dazu in den Kahn steige.

Beim *Raubfischangeln* aber erhöhen sich bei Bootsbenutzung die Chancen beträchtlich. Ganze Kanten- und Tiefenbereiche können abgefischt werden, und man hat immer etwas zu tun. Mir ist dabei noch niemals kalt geworden, da ich ununterbrochen auf der Suche nach den Fischen bin.

Nun wird der eine oder andere Leser fragen: Warum denn? Man kann sich doch auch an erfolgversprechenden Stellen ansetzen und warten.

Das ist durchaus richtig. Doch wie gesagt, schlage ich vor, daß sich der Angler den geänderten Umständen anpaßt. Die Raubfische, vornehmlich der Hecht, können jetzt nicht mehr als Revierräuber bezeichnet werden, sondern sie sind selbst ununterbrochen unterwegs und ziehen hinter den Futterfischschwärmen her. Finde ich einen solchen, habe ich auch Aussicht auf einen Hecht. Im Sommer könnte man diesen Vorgang sogar optisch wahrnehmen, doch nun in der Tiefe ... ? Jetzt hat der Angler mehrere Möglichkeiten, die wir einzeln besprechen wollen.

Entweder er begibt sich tatsächlich an die ihm bekannten Stellen, lotet aus, setzt einen Köderfisch ca. 1,5 m über Grund und wartet. Erhöhen kann er schon hier seine Aussichten, indem er mit ganz normalem Futter versucht, Weißfische anzulocken und sich mit der entsprechenden Angel zusätzlich die Zeit vertreibt. Gelingt es ihm, Fische herbeizufüttern, steigen seine Chancen auf Raubfisch enorm.

Eine andere Variante: Der Angler fährt eine ihm bekannte Rinne oder Kante an, prüft mit dem Sauerstoffthermometer die günstigste

Wassertiefe, setzt seinen Köderfisch aus, fährt 60 bis 80 m über das Revier und ankert. Nun wird etwa alle 5 bis 10 Minuten der Köderfisch etwas dichter an das Boot herangezogen und damit ein großes Gebiet abgesucht. Darf mit zwei Angeln gefischt werden, geht das ohne Risiko vor sich, da der zweite Köderfisch entweder nach 40 m ausgesetzt wird oder zwischenzeitlich direkt am Boot verschiedene Richtungen abgesucht werden. Eventuell erwischt man auch mit dem Tucker oder der Hegene Barsche und Zander unter dem Kahn. Hauptsache ist, man bleibt in Bewegung und nutzt sie für Experimente. Erst dann wird für mich der Angeltag zufriedenstellend, auch wenn ich schließlich mal kein Glück hatte und leer ausging. Gerade das Verlangen nach immer neuen Experimenten ist genauso wichtig wie die Tatsache, daß man möglichst ununterbrochen einen Köder im Wasser hat. Darum verwende ich dort, wo es erlaubt ist, beim Verlegen des Bootes grundsätzlich eine Schleppangel oder lege einen ganzen Tag nur für diese Angelart ein.

Der tief eingestellte Schaufelwobbler oder ein stark beschwerter Köderfisch werden besonders gut angenommen.

Die Systeme dafür bleiben denen des Sommers gleich. Lediglich in der Tiefenregulierung muß oft nachgeholfen werden. Ein wesentliches Hilfsmittel dafür ist der *Paravan.* Mit ihm haben wir die Möglichkeit, jeden Köder auf die gewünschte und zumeist notwendige Tiefe zu bringen, ob es sich nun um einen Blinker, Spinner, Wobbler oder Köderfisch am System handelt.

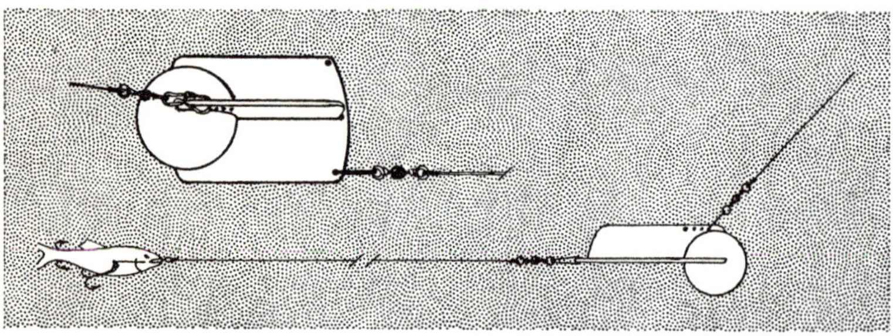

*Abb. 13. Die Paravan-Tiefenschlepphilfe ist notwendig, wenn ein Blei den Auftrieb von Schnur, Köder und Montage nicht mehr kompensiert. Die Stellung des Paravans gegen den Wasserdruck läßt sich durch verschiedene Anbringung der Zugschnur in den oberen 4 Löchern verändern. Die Ködermontage kann durch unterschiedliche Anbringung an den hinteren 3 Löchern dahingehend beeinflußt werden, daß sie seitlich links oder rechts, sowie genau hinter dem Boot geschleppt wird.*

Die Vorfachlänge sowie dessen Beschaffenheit hinter dem etwas unförmigen Tiefenregler bestimmen wir selbst. Oft lohnen sich Versuche mit kleinen Ködern beim Verlegen zu einem anderen Angelplatz, um überraschend Barschschwärme an Stellen zu finden, wo sie gar nicht vermutet werden. Vornehmlich an mir unbekannten Gewässern bin ich dadurch zu selbst für Einheimische überraschenden Fangergebnissen gekommen und lernte so ganz nebenbei auch noch das Revier gut kennen.

Ein oft beobachteter Fehler beim *Schleppangeln* liegt in der *Schleppgeschwindigkeit*, die meistens zu hoch ist. Man sollte vorher das Spiel des Köders hinter dem Boot eingehend betrachten und das immer wiederholen, damit man ein Gefühl dafür bekommt, wann die Vorführung des Köders spielerisch leicht und verführerisch gelingt. Ein durchs Wasser gepeitschter Köderfisch ist vergebliche Mühe. Wenn man es also eilig hat, um zu seinem nächsten Angelplatz zu kommen, kann man sich die Schleppangel gleich ganz ersparen.

Beim Schleppfischen muß man sich selbst immer wieder korrigieren und zu gemächlichen Ruderschlägen anhalten. In rhythmischen Zeitabständen soll der leicht auftreibende Köder auch wieder absacken, den verletzten Kleinfisch lebensnah vortäuschen, sogar auf den Grund fallen, um anschließend wieder in einigen zügigen Bewegungen Schwimmversuche zu machen. Dafür sind Eile und Ungeduld am allerwenigsten geeignet. Jetzt kann der Angler also seine Qualifikation so recht beweisen. Darum werden von Schleppangelanfängern die meisten Fische nur dann gefangen, wenn sie gegen den Wind rudern. Womit einwandfrei bewiesen ist, daß die Geschwindigkeit die ausschlaggebende Rolle spielt. Wer mit dem Wind fährt, konzentriert sich sogar zeitweise lediglich auf das Ausrichten und Bremsen des Bootes.

Bootsangeln in der kalten Jahreszeit bleibt also fast ausschließlich der Raubfischangelei und im besonderen der Seeforelle vorbehalten. Auch damit werden wir uns später noch einmal ganz gezielt auseinandersetzen. Das *Boot* selbst sollte man ein wenig *präparieren*, um den winterlichen Einflüssen gerecht zu werden.

Eine griffige, vielleicht etwas dickere Ankerleine ist unerläßlich, besonders rutschfester Bodenbelag ebenfalls. Eine feste Plane oder ein kleines, klappbares Überdach an Heck oder Bug schützen enorm vor dem eisigen Wind. Außerdem sollten ein Paar feste Arbeitshandschuhe, eine kleine Schaufel und ein Handfeger im Gerätekasten liegen, damit etwa einfallender Schnee gleich entfernt werden kann. Fische sind sofort zu verstauen, um die durch ihren Schleim entstehenden Rutschbahnen zu

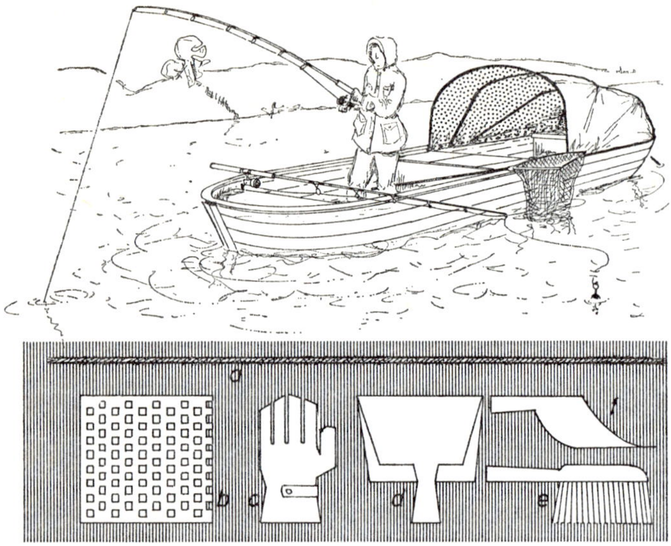

*Abb. 14. Bootsausrüstung für die kalte Jahreszeit. a. griffiges Ankerseil, b. rutschfester Profilbodenbelag, c. Arbeitshandschuhe, d. Schaufel, e. Handfeger (feste Borsten), f. Lenzschaufel. Besonders empfiehlt sich ein klappbares Überdach und selbstverständlich sinnvolle Ordnung und viel Bewegungsfreiheit im Boot. Weiter ist zu bedenken: Holz isoliert, Kunststoff leitet Kälte.*

vermeiden. Vor dem Vereisen des Bodens schützt etwas Salz. Dem Angler sei für sein eigenes Wohl noch der bereits erwähnte Zitronentee empfohlen. Anzuraten ist ihm aber besonders, daß er nie zu lange sitzenbleibt und immer für eine gute Körper-Durchblutung sorgt. Dafür wäscht er sich am besten dann und wann im kalten Wasser des Fischkastens die Hände. Ich weiß, daß es einigen Lesern jetzt graust, doch sie können sicher sein: diese Therapie wirkt Wunder.

## Am Eisloch

Im zweiten Kapitel habe ich schon ein wenig über das Eisloch gesagt, ohne jedoch auf einige Spezialfragen einzugehen. Mit der Herrichtung der Angelstelle haben wir gleichzeitig die Entscheidung der Ortsfestlegung getroffen.

Vorher sollte man sich über Untergrundbeschaffenheit und Tiefe einigermaßen im klaren sein und letztere an fremden Gewässern möglichst erfragt haben. Schließlich können wir nicht beliebig viele Löcher schlagen oder bohren, bis uns endlich eines zusagt. Gut, vielleicht freuen sich andere Angler darüber, doch sicherlich machen wir auch viel vermeidbare Unruhe und kommen aus Zeitgründen über die körperliche Ertüchtigung hinaus nicht zu unserem Sport.

Aus dem Eisloch gilt es nun das Beste zu machen. Vorher wie im Sommer ausloten, um zumindest eine einigermaßen trächtige Stelle zu

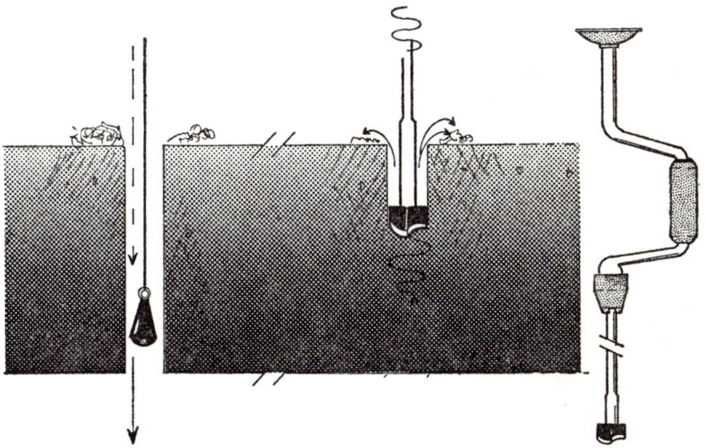

*Abb. 15. Handholzbohrer zur mehrfachen, schnellen, engen Bohrung zum Loten.*

finden, das ist jetzt überhaupt nicht drin, oder ... ? Es gibt diese Möglichkeit tatsächlich. Sie erfordert zwar ein wenig Geduld und ist nur zumutbar, wenn das Eis ca. 15 cm Dicke noch nicht überschritten hat. Ein ganz normaler Holzbohrer (1,5 cm ø) dringt für eine Probebohrung enorm schnell durch das Eis, und an 4 bis 5 dieser engen Löcher kann man mit einem kleinen Lot wunderbar feststellen, ob die Grundbeschaffenheit den Anforderungen entspricht.

An der so entdeckten tiefsten Stelle wird nun meistens das Angelloch geschlagen oder gebohrt, wobei ich gleich mit der notwendigen Größe beginne und mich an der Peripherie rundherum durch das Eis arbeite. Das hat den Vorteil, daß man nachher nicht nachschlagen muß und unangenehme Bekanntschaft mit dem aufspritzenden Wasser macht.

Der bei dieser Technik in der Mitte entstehende Eisblock läßt sich gut herausbrechen oder unter die Eisdecke schieben. Man gibt ihm beim Unterschieben möglichst einen kräftigen Stoß, damit er ein wenig seitlich abtreibt und nicht unmittelbar neben dem Loch hinderlich für die Schnur wird. Seine anfangs scharfen Kanten werden von immer leicht

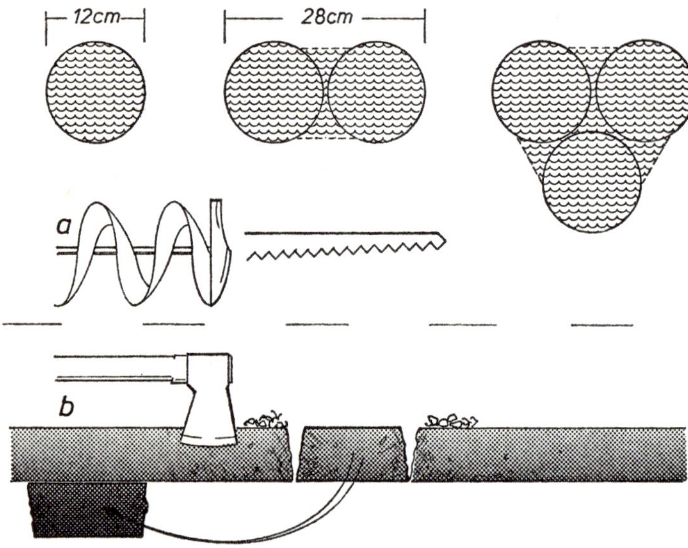


*Abb. 16. Eislochfertigungen. a. mit Windungsbohrer und Stichsäge. Die drei angeführten Beispiele sind bis zu einem Höchstdurchmesser von ca. 28 cm ausreichend. b. geschlagener Mittel-Eisblock wird unter die Eisfläche geschoben.*

driftendem Wasser schnell abgerundet bzw. abgeschmolzen und können selbst bei einem eventuell flach abziehenden Fisch der Schnur nicht mehr gefährlich werden (Abb. 16). Weitaus geräuschloser läßt sich ein Loch mit dem Eisbohrer fabrizieren. Oft wird er leider den Anforderungen für einen ausreichenden Lochdurchmesser nicht gerecht, zumal wenn mit größeren als einpfündigen Fischen zu rechnen ist. Dann empfehlen sich zwei Bohrungen neben- oder drei gegeneinander. Mit dem Eispickel begradigt man dann die entstehenden Seiten.

Nun zu einem der größten Probleme: Drift und gezieltes Anfüttern. Je tiefer das Wasser, desto mehr Drift ist vorhanden, besonders in großen Seen. Sie entsteht durch verschiedene Temperatureinflüsse, Schatten- und Sonnenseiten und somit unterschiedlichen Erwärmungen.

Natürlich spielen auch Zuflüsse mit ihrer Wasserbewegung eine zusätzliche Rolle. Für den Angler wird die Drift dann entscheidend, wenn es darum geht, das Futter genau unter dem Eisloch am Boden zu plazieren.

Er muß die bewegungsfaul gewordenen Fische dort festhalten. Sonst stehen nämlich die Flossenträger neben dem Hakenköder im Lockfutter, und der Angler geht leer aus (siehe Abb. 17). Es gibt nun zwei Möglichkeiten, das zu vermeiden. Erstens verzichten wir vorübergehend darauf zu angeln und kneten den Lockköder um das Lotblei. Dieses wird abgelassen und nach dem Fühlen des Grundes durch festes Aufschlagen oder ruckartiges Hochziehen vom Futter befreit. Das läßt sich beliebig oft wiederholen und wird auch beim Nachfüttern so gemacht. Selbstverständlich kann man das Futter auch um walnußgroße Steine kneten und diese ablassen.

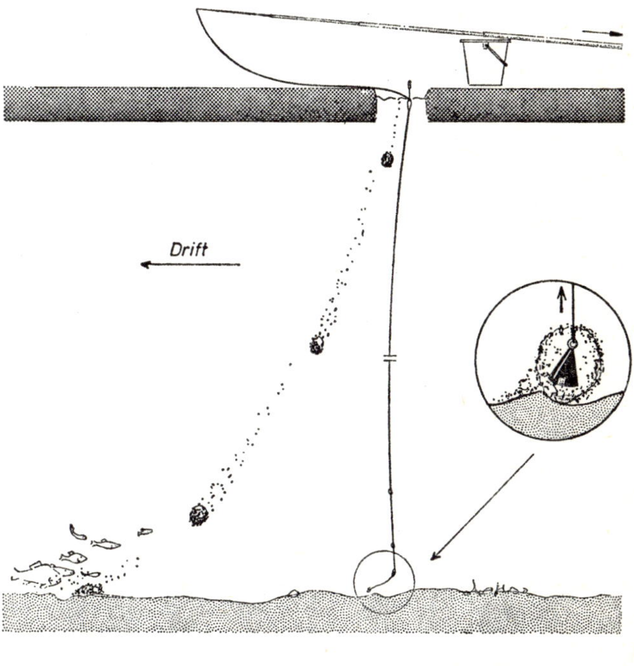


*Abb. 17. Driftfüttern. Drift und Strömung können das Futter weit abtreiben (s. links). Man fischt im Trüben und wird zum ‚Bleifüttern' übergehen müssen (s. rechts).*

Die zweite Technik ist zwar etwas komplizierter, dafür aber noch wirkungsvoller. Wir setzen unsere fertig montierte Angel ins Wasser und beobachten genau, in welche Richtung sie abtreibt. Mehrere Versuche werden nötig sein, um mit der Rute oder einem Stock die Abdrift genau zu markieren. Nun fertigen wir entweder mit dem Handbohrer, dem Eispickel oder Meißel in einem zu schätzenden Abstand ein neues kleines Futterloch, das es uns ermöglicht, dort anzufüttern, woher die Drift kommt, bevor sie also unser Hauptangelloch erreicht. In Seen nehme ich grundsätzlich 20 bis 30% der Tiefe als Abstand zwischen Futter- und Angelloch, und bin stets gut damit gefahren. Wenn das Futter nun möglicherweise auch zwischen den Löchern landet, darf ich zumindest sicher sein, daß die Fische in der Futterfahne stehen und somit auch in der Nähe meines Hakenköders. Da sich größere Fische außerdem

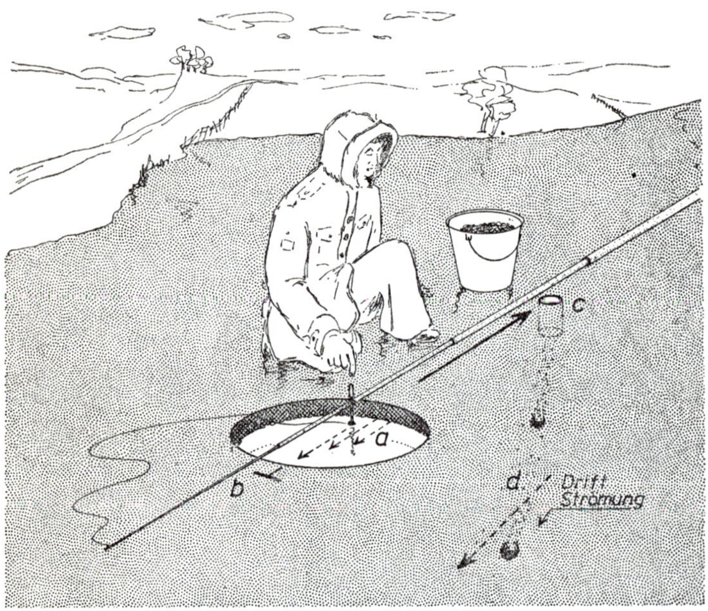


*Abb. 18. Vorfüttern in der Drift wird durch ein zweites, enges Eisloch erreicht. Vorher muß die Strömungsrichtung mit Hilfe der montierten Angel festgestellt werden. a. Mit der Rute peilt man die Richtung aus b. 25 bis 30 Prozent Wassertiefe. In diesem Abstand vom Angelloch wird das Futterloch gebohrt c. und nun driftgerecht gefüttert d. Beide Löcher sind auf der Abbildung absichtlich vergrößert gezeichnet, um den Vorgang zu verdeutlichen.*

oft hinter den kleineren aufbauen, kann ich kaum etwas falsch machen. Den Vorgang verdeutlicht Abb. 18.

Bei leichter Strömung wird der Abstand der Bohrungen großzügiger gehandhabt, und man erzielt die gleiche Wirkung. Sie läßt sich noch erhöhen, bringt man das Futterloch auf mindestens 12 cm ⌀ und arbeitet jetzt mit dem Futtersack (siehe Abb. 19). Der Futterbehälter wird aus feinmaschigem Material angefertigt und mit seiner Machart möglichst vermieden, daß zuviel an Freßbarem austritt.

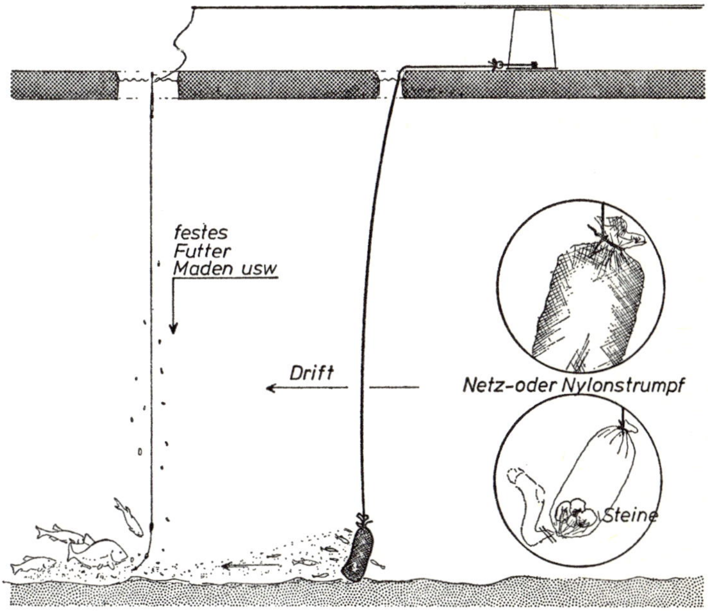


*Abb. 19. Futtersack oder -netz zum gezielten Anfüttern besonders geeignet. Zieht Kleinfisch aus der Futterfahne und ‚sortiert' vor. Zeitweise wird der Futterbehälter ein wenig gerüttelt, damit er neue Duftstoffe abgibt. Beschwerung (Steine oder Blei) nicht vergessen!*

Die gefräßigeren Fische werden ihn bestimmt selbst anstoßen, um ein wenig mehr Futter locker zu machen. Sie erhöhen damit die Lockwirkung und kommen unseren Wünschen entgegen. Das Futteraustreten wird vom Angler noch zusätzlich dadurch unterstützt, daß er den Sack zeitweise ruckartig anhebt und wieder absinken läßt. Manchmal reicht es aus, ihn kurz zu schütteln. An der Angelstelle selbst belebt man die Lockwirkung durch das Einwerfen einiger sehr fester Angelköder wie Kartoffelstücke, Weizen und Mais. Natürlich sind auch Würmer durchaus angebracht. Einige Maden im Futterbeutel können auch nicht schaden, da sie den Inhalt gut in Bewegung halten. Die Partikelchen sollten über einen möglichst langen Zeitraum ausschwemmen, damit wir uns in erster Linie auf die Angel konzentrieren können. Die Verbindung zum Futtersack besteht aus solider 60-mm-Monofilschnur oder Maurerschnur und wird straff nach oben geführt sowie an einem festen Punkt wie Sitzgelegenheit oder Eimer befestigt.

Damit das Eigengewicht ausreicht und schnelles Absinken sowie eine konstante Lage garantiert sind, wird der Sack vor Einfüllen der Futtermasse mit einigen Steinen oder schweren Grundbleien belastet.

Das *Angelgerät* selbst bzw. die *Bleimontage* muß den Gegebenheiten entsprechend mit äußerster Sorgfalt montiert werden. Je nach Stärke von Drift und Strömung wird das unterste Blei immer am schwersten gewählt, damit wir auch sicher sind, dort zu angeln, wo das Lotblei den günstigsten Platz angezeigt hatte. Das End- oder Schleifblei wird so dicht wie möglich vor dem Haken angebracht, um jede Bißbewegung sofort am Schwimmer zu bemerken ist (siehe Abb. 20).

Selbstverständlich kann man dieses sehr gezielte Angeln auch abwandeln und dem anfangs geschilderten, abgetriebenen Futter vom Eisloch aus hinterherangeln. Dafür montiert man das Gerät genau entgegengesetzt und beschwert die Schnur nach unten hin immer weniger, wodurch sie etwas schräg im Wasser steht. Jetzt ist es aber besonders schwierig, die genaue Tiefeneinstellung vorzunehmen. Der Schnurbogen ist nicht sichtbar und die genaue Köderstellung nicht zu spüren. Außerdem wird das Gerät über dem Haken zu leicht, so daß es beim Absinken schnell überschlägt und der Haken in die Schnur oberhalb des letzten Bleischrots einhaken kann. Schließlich sind die Bisse nicht so leicht und schnell erkennbar, da sie erst nach Straffen der Schnur bis zum ersten Blei sichtbar werden.

Darum wird man sich wahrscheinlich meistens für eine der anfangs geschilderten Gerätemontagen entscheiden und beim Austarieren der Pose vorteilhaft das Gewicht oder den Auftrieb des Köders mit berücksichtigen. Nun kann man viele Anschläge auch schon dann setzen, wenn sich die Pose nur ganz leicht anhebt. Der Fisch hat den Bissen bereits im Maul. Doch es gibt noch viele Varianten beim Fischen im Eisloch.

Natürlich kann man auch ohne Pose mit der Spürangel arbeiten. Auch dazu loten wir erst aus. Die Angel ist lediglich mit einem Haken und leichterem Senkblei bestückt. Wir bringen zur Tiefenkontrolle einen

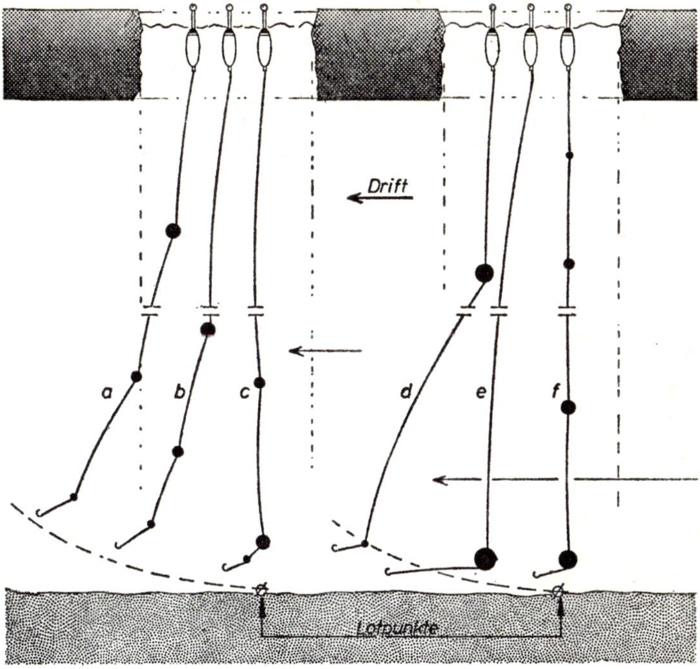


*Abb. 20. Montagen-Abdrift berücksichtigen. Bei zu leichtem oder falsch montiertem Gerät entfernt sich der Haken von der Lotstelle, vom Grund, sowie vom Futterplatz. Die Beispiele a bis f verdeutlichen das.*
*a. Blei nach unten zu leicht, Abstände zu groß*
*b. verbessert a*
*c. Anordnung der Gewichte geändert, Lotpunktnähe erreicht*
*d. absichtliches Driftangeln auf sensible Fische*
*e. einfaches Schleifbleiangeln mit viel Köderfreiheit*
*f. sofort sichtbarer Biß für schnelle Reaktionen.*

Wollfaden vor der Rolle an die Schnur und führen die Made, den Wurm oder sogar den Tucker, die Mormyschka oder die Fliege vor. Das ist sehr reizvoll, erfordert viel Gefühl und kann zu bunten Strecken führen.

Für das Angeln auf Raubfische bedarf es anderer Überlegungen: Bleibt man in der Nähe des Eislochs, wird ein ganz normaler Schwimmer benutzt und natürlich auf das Abtauchen gewartet. Doch vielleicht sollen zwei und, wenn erlaubt, drei Angeln ausgelegt werden, oder man will an anderer Stelle noch Weißfische angeln. Dann muß der *Raubfisch-*

*biß auf größere Entfernung* sichtbar sein, was mit einem sehr langen Schwimmer erreicht wird. Man kann aber auch nach dem Ablassen der Montage in die Schwimmer-Schnurführung eine Geflügelfeder stecken. Doch auch dieser Trick ist undurchführbar (siehe Abb. 21), wenn es stark friert. Man muß nämlich häufig zurückgehen, um die Pose wieder eisfrei zu machen.

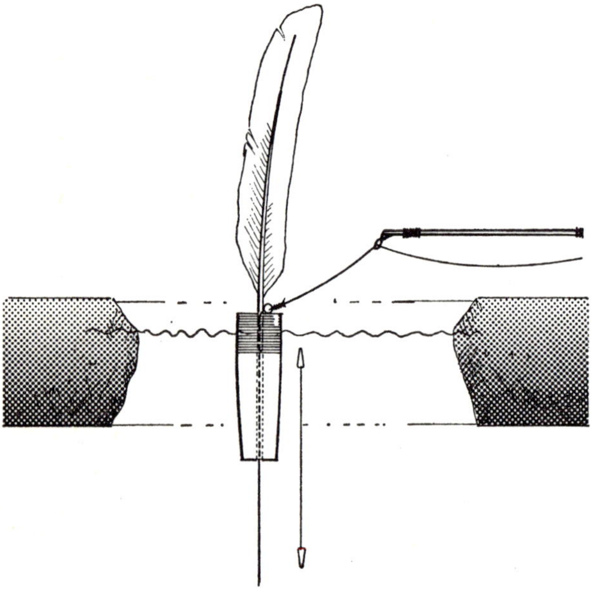

*Abb. 21. Weitsicht-Hilfe durch Geflügelfeder. Einfach, schnell und problemlos. Gleichzeitig kann der Federkiel als Feststeller der Schnur verwendet werden, wenn eine nachträgliche Tiefenveränderung vorgenommen werden soll (z.B. um den Köderfisch höher zu stellen).*

Darum sollte man an solchen Tagen besser ohne Schwimmer angeln. Dazu wird vor der Köderbestückung wieder genau ausgelotet und der Wollfaden angebracht. Nun kann der Köderfisch abgelassen werden. Die Angel wird auf zwei Eimer oder auf den Schlitten gelegt, und endlich kommt das berühmte Glöckchen zu seinem Recht. Neben der Angel stecken wir ein Hölzchen ins Eis (kleine Bohrung, Schnee- oder Resteishaufen). Daran wird mit einem Faden ein Haarclip befestigt, die Hauptschnur im rechten Winkel zur offenen Rolle abgezogen und eingeklemmt. Das Glöckchen kommt an den Stock. An der Haarklemme kann zur

Sichtbarmachung noch ein kleines rotes Fähnchen befestigt werden. Einen Biß wird man nun weder übersehen noch überhören, und die Schnur kann frei sowie ungehindert abziehen, wie Abb. 22 beweist.

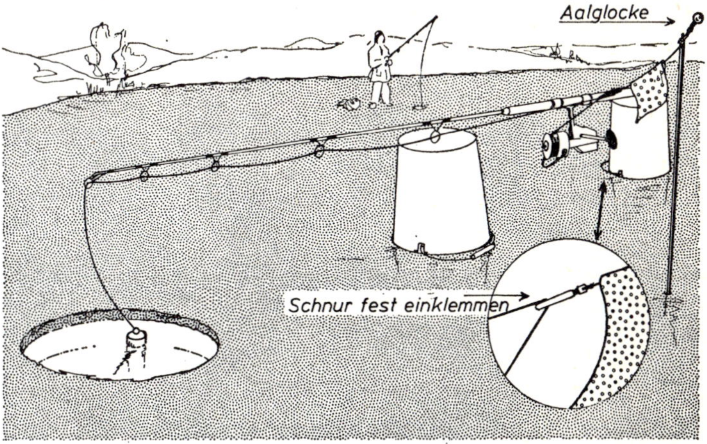


*Abb. 22. Entfernungsbißanzeiger mit akustischem Signal durch Aalglocke und optisch mit Fähnchen.*

Der kurze Ruck, vom Clip verursacht, stört den Räuber nicht. Auch die Schnur friert nicht so sehr fest, daß eine hinderliche Bremswirkung entsteht. Nach dem Anschlag wird das Loch kurz mit dem Fuß oder mit der Hand eingedrückt, und der ungehinderte Drill kann beginnen.

Manchmal reicht aber diese Montage nicht aus, und zwar dann, wenn man so große Köderfische benutzt, daß diese die Schnur selbsttätig aus der Klemme ziehen. Dann sollte man einfach selbst auch energischer werden und die Monofile z.B. unter einem Stöckchen hindurchführen und dieses unter den Eimer oder der Schlittenkufe festklemmen, wie bei Abb. 23. Den Hecht stört das kaum.

In sehr großen Gewässern und über extremen Tiefen kommt noch die *Suchtechnik* in Frage. Ohne Blei, lediglich mit entsprechendem Vorfach, wird der Köderfisch ausgesetzt. Durch nichts wird seine Reise in die Tiefe behindert. Die Rolle bleibt offen. Der Fisch gewöhnt sich schnell an das geringe Hindernis durch Haken und Schnur an seinem Rücken und geht nach anfänglich raschen Bewegungen allmählich in langsame und gleichmäßige über. Manchmal bleibt er vollkommen ruhig stehen. Diese Technik zehrt so lange an den Nerven, bis man Köderfischbewe-

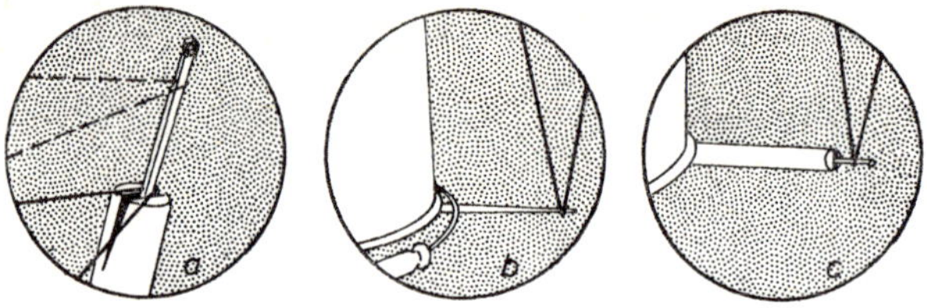


*Abb. 23. Schnurbefestigungen bei besonders großen Köderfischen oder schlechter Wetterlage (Wind) hinter bzw. unterhalb der Rolle.*
*a. Streichholz im Stockschlitz*
*b. feiner Stock unter dem Eimer oder Schlitten*
*c. wie b mit Streichholz im Stockschlitz (Kerbung).*

gung und Raubfischbiß voneinander unterscheiden kann. Früher setzte ich eine Unzahl von ‚Phantasieanschlägen' ins Leere. Später wartete ich einfach, bis die Schnur in der berühmten Manier abzog und lag richtig damit. Manchmal werde ich auch vom Räuber überrascht, wenn ich zur Kontrolle Kontakt zum Köderfisch suche und etwas Schnur aufnehmen will. Dabei verlor ich anfangs viele Fische, bis mir klar war, daß es sich entweder gerade um einen Biß, bestimmt aber um einen Nachläufer handelte. So entschloß ich mich, bei unverhofftem Widerstand den Bügel zu öffnen, die Schnur freizugeben und zu warten. Anscheinend wird den Räubern das Vorfach im Maul fast immer zur Plage. Jedenfalls kommt meistens Bewegung in die Geschichte, und darauf warten wir ja schließlich.

Natürlich bringt diese Technik der Suchangel ein großes Risiko mit sich. Wir können schlecht kontrollieren, wohin oder wie tief der Köder schwimmt oder ob er gar schon einen Unterschlupf erreicht hat und festsitzt.

Ich beuge vor, indem ich wieder auslote, das berühmte Wollfädchen unter Zugabe von 3 bis 5 m vor der Rolle auf die Schnur setze und nicht viel mehr Schnur freigebe. So bricht mir der Köderfisch nicht zu weit aus, was ich nur gestatte, wenn ich vom Sommer her weiß, daß die Tiefe sauber und frei von Hindernissen ist.

Eislochangeln sieht für den Außenstehenden primitiv aus und ist doch so reizvoll. Es bedarf eben nur der schon angedeuteten Phantasie, soviel wie möglich daraus zu machen. Um das nachdrücklich zu beweisen, möchte ich im nächsten Kapitel von der Theorie abschweifen und unter anderem ein wenig die Praxis sprechen lassen.

# Bei Randeis und Tauwetter

Bei Randeis beschleicht mich immer ein eigenartiges Gefühl. Es stimmt mich traurig ob der schwindenden Möglichkeiten und läßt mir doch die Freude auf eventuelle Eislochtage.

An windgeschützten Stellen wird es schnell fast unmöglich, ohne Hindernisse weiter zu angeln und gegen den eisigen Wind? Das ist auch nicht das Angenehmste, aber eben eine der verbleibenden Chancen.

Eines Tages traf ich an einem geschützten Waldsee einen Hechtangler. Er blinkerte sonst leidenschaftlich gern, doch jetzt konnte er trotz der langen Rute nichts mehr werden und verhakte sein Eisen immer wieder in den Randeisregionen.

Selbstverständlich gab ich ihm den erbetenen Köderfisch, und er baute um. Unsere Schwimmer wurden langsam vom Ufer weggetragen und ließen einen Biß nicht erkennen. Wir versuchten inzwischen mit langen Stöcken das Eis vor uns aufzubrechen und wollten es in Form einer großen Scholle abtreiben lassen. Dabei bemerkten wir die immer weiter fortschreitende Eisbildung und wurden uns klar darüber, daß es bei einem Biß Landeschwierigkeiten geben würde, falls wir vorher keine Schneise fertigkriegen würden.

Wir änderten also unser Vorhaben und trieben nun vom Ufer aus lediglich einen Keil ins Eis. Immer längere Stöcke mußten wir suchen, doch reichten sie schließlich nicht mehr hin. Darum zerschnitt ich nun das dünne Eis von draußen mit einer eigens dafür montierten Angel.

Diese besteht aus einer sehr stabilen Rute mit Multirolle und geklöppelter Schnur.

An deren Ende knöpft man 3 m Stahlvorfach aus Meterware und ein mindestens 100 g schweres Birnenblei. Auf das Stahlvorfach wird ein alter, großer Laufschwimmer gezogen. Es empfiehlt sich, einen ausrangierten zu benützen, denn viele Eisbrecherversuche hält er nicht aus.

Nun wird die Eiskante überworfen und der Stahl zwischen Blei und Schwimmer förmlich als Säge benutzt. Die ersten dünnen Meter brechen leicht weg. Dann aber muß man mit viel Geduld und Geschick bei der Sache sein. Wird das Eis zu dick (ab 1 cm), klemmt der Stahl zeitweise fest. Dann muß man eben kräftig reißen und schütteln, wobei das Blei diese Stelle von unten her zerschlägt. Rutscht es dabei aufs Eis, kann eingeholt und neu ausgeworfen werden.

Unangenehm ist die ganze Geschichte, wenn der Widerstand zu groß wird, also die Gefahr des Schnurbruchs besteht. Dann hilft nur noch ein gezielter Wurf mit einem Stein, den man eher zu groß als zu klein wählen sollte. Wir schafften jedenfalls unseren Landekeil, den wir auch später leicht offenhalten konnten, da wir dünne Neueisbildung immer wieder durchschnitten und durch Bewegung mit dem Gummistiefel oder einem Stock langsam abtrieben. Diese leichte Bewegung erschwert auch die Neueisbildung.

Unruhe hatte es nun genug gegeben.

Ein Biß konnte sich dadurch bisher nicht einstellten. Außerdem waren unsere Schnüre, die neben dem Keil auf dem Eis lagen, schon leicht angefroren. Eine unangenehme Sache.

Ich befreite die 45er Monofile, so stark sollte man unter solchen Bedingungen möglichst angeln, und führte ein kräftiges Rotauge durch den Keil ans Ufer. Kurze Kontrolle, wer kennt das nicht, und vorsichtig warf ich den Fisch wieder aus.

Mein Freund hatte Glück im Unglück. Seine 30er ließ sich nicht lösen, und der Schwimmer verschwand in der Tiefe. Biß!

Draußen am Randeis straffte sich die Schnur und schnitt ein. Was nun? Es blieb ihm nichts anderes übrig, als kräftig zuzuschlagen, und er gewann! Der Gehakte schwamm anfangs weit nach draußen und befreite sogar dadurch die gesamte Monofile. Leider machte der Angler dann einen Fehler, der ihn schließlich auch den Fisch kostete. Er drillte nämlich sein Gegenüber mit erhobener Rute weiter und erlaubte ihm dabei, seitlich auszubrechen und die Schnur erneut ins Eis einschneiden zu lassen. Als der Fisch müde war, konnten wir ihn und den Schwimmer keine 10 m vom Ufer entfernt unter dem Eis sehen.

Es war überhaupt nicht daran zu denken, ihn dort herauszubekommen. Man steht dann ziemlich ratlos am Ufer. Das Problem löste sich von selbst, denn der schöne Hecht kam ab. Er hatte den Köder wohl nicht geschluckt und sich selbst angeschlagen, als sich die festgefrorene Schnur gestrafft hatte. Dabei wäre eine korrekte Landung leicht gewesen, wenn der Angler sich nach dem Anschlag sofort entschlossen hätte, die Rutenspitze im eisfreien Landekeil ins Wasser zu tauchen.

Die Schnur wäre nun unterm Eis stets frei geblieben. Ist der Fisch dann ufernah, kann die Spitze angehoben und die Landung in der sonst üblichen Art vorbereitet werden.

Schon nach einigen Wochen glückten meinem ‚Schüler' drei Randeis-Landungen binnen einer Stunde. Ein schöner Erfolg.

Selbstverständlich kann und sollte man Randeisangeln nicht übertreiben. Die Verantwortung für die Kreatur muß stärker sein als persönlicher Ehrgeiz. Wenn wir also nicht mehr Herr der Lage sind und keine sichere Landung mehr garantiert ist, muß man einfach verzichten können.

Eines Tages wird das Eis auch zu dick, das Risiko zu groß. Dann muß man eben abwarten, bis es trägt, oder nach anderen Möglichkeiten Ausschau halten.

Es gibt derer viele. Zum Beispiel kann die Windseite des Gewässers noch Chancen bieten oder der Zufluß, das Fließgewässer, die Sonnenseite, eine Staustufe.

Es ist erstaunlich, wie selten z.B. flache Einläufe gerade im Winter beangelt werden. Man meint, der Fisch stehe jetzt tief, und es lohne sich hier nicht. Doch das ist einfach ein Irrtum.

So sind die Aussichten auf die so wenig beangelte Aalquappe an derartigen Stellen fast einmalig.

Aland, Barbe, Döbel, Barsch und Hecht, selbstverständlich auch Salmoniden, um nur einige zu erwähnen, wissen daß hier Nahrung eintreibt und schauen ab und zu nach dem Rechten.

Ich habe schon an Zuflüssen gefischt, die vorher noch niemals beangelt worden waren. Man hielt es für vollkommen zwecklos. Tatsächlich brauchte ich auch mehrere Stunden, manchmal sogar Tage, bis die Fische in meinem Futter eine neue Nahrungsquelle entdeckt hatten, und es kam zu ausgesprochenen Massenfängen. An diesen Stellen waren die Fische nicht argwöhnisch, da sie hier die Gefahr ‚Angler' überhaupt nicht kannten.

Man baut eine Spürangel und läßt sie mit kleinen Pilotkorken weit unter das Eis strömen. Oder man versucht einen weiten Schnurbauch in die Strömung zu bringen, indem man die Monofile mit versenkter Rutenspitze einfach ablaufen läßt und das wenig beschwerte Vorfach sowie den Köder dabei in der Hand behält. Jetzt bremst man die Schnur und setzt die Montage ins Wasser. Die Strömung faßt in den Schnurbauch und zieht die Schnur gerade. Das variiert man durch Heranziehen oder Zugabe, bis man die Entfernung der häufigsten Bisse herausgefunden und an der Schnur durch einen kleinen Faden markiert hat. Schon angelt man nicht mehr im Flachen, sondern befindet sich in äußerst fangträchtigen Regionen.

Ähnlich gut und vielseitig sind die Möglichkeiten wenn nach einer längeren Frostperiode Tauwetter einsetzt.

Schneeschmelzwasser fördert zwar den Appetit der Fische nicht, doch steht uns der Sinn ja nicht immer nach Massenfängen, und das Überlisten eines schlauen Alands kann schon ein befriedigender Erfolg sein.

Tauwetter regt mich stets zu besonderer Aktivität an. Immer mehr Wasser wird sichtbar, fast spürbar. Der Reiz eines sich von der Sonnenseite her verwandelnden Wassers ist fast ein Abenteuer für mich.

Oft kann ich gar nicht abwarten, bis am Ufer das erste Naß durch die milchige Scheibe dringt. Aus den Spalten, die sich bei Frost dröhnend gebildet hatten, dringt Wasser. Der Zufluß treibt wie in Zeitlupe einen Keil in den See. Der Wind drückt endlich die riesige Eisplatte von einer Uferseite ab. Der See erwacht. Kleine Wellen treiben das Wasser auf den Eisrand. Fast unmerklich entfernt sich das Eis vom Ufer. Dabei habe ich schon tagelang zugesehen und mich über jede neue Pfütze auf dem Eis gefreut. Waren die ersten freien Zentimeter sichtbar, wurde ich unruhig. Die ersten Meter wußte ich sofort zu nutzen und legte an Steinhaufen und Unterständen meine Grundangeln aus. Der Köder wird dabei einfach mit einem Stock oder der Teleskoprute unter das Eis geschoben. Dort lauern und laichen die Aalrutten, und nicht selten habe ich eine ganze Anzahl davon erwischt.

Es sieht zwar etwas eigenartig aus, wenn ein Angler mit zwei oder drei Grundruten am Ufer sitzt und gerade erst 3 Schritt offenes Wasser vor sich hat. Doch macht das eben auch nur ein Angler, sage ich mir, und lasse Passanten bei ihren Gedanken.

Endlich erreicht man auch wieder tieferes Wasser und kann vielleicht schon die Stippe montieren. Ein wenig Futter wird fertiggemacht und landet bei zu weiten Würfen sogar auf dem Eis. Langsam spült es das Schmelzwasser mit ein und wird zu einem fast natürlichen Angebot, was Friedfische schnell orten.

Die riesige Eisplatte treibt ab, drückt mit dem Wind gegen die andere Uferseite und beginnt in der Drift an allen Seiten abzubrechen. An den Sonnenseiten überschwemmt Wasser das Eis. Mit leisem Klirren nagen die Wellen an den dünngespülten, offenen Kanten an den Rändern der Schollen, bis nach Tagen die letzten Reste, die nur noch die leichten Wasservögel tragen, am Abfluß oder in der windabgelegenen Seite ihren Tribut zahlen müssen, auf Nimmerwiedersehen, vergänglich, vorbei.

Für mich ist das alles immer wieder ein Erlebnis, von manchen Menschen nur registriert, von vielen Anglern mit Ungeduld erwartet und für den Freund der Winterfischerei ein Schauspiel, das schließlich all die Möglichkeiten bringt, auf die er so lange gewartet hat.

# Keine Theorie, Praxis!

## Brassen-Massenfänge

Es war ein unangenehmer, feuchter Spätherbsttag. Träge zog eine graue Wolkendecke gen Südwesten. „Besser wäre, du würdest den Adventskranz aufhängen.“ Aber meine liebe Frau kennt mich viel zu gut. Ich war nicht mehr aufzuhalten, denn am Vortag war mir beim Rotaugenangeln die Landung einer starken Brasse gelungen. Noch am Abend hatte ich aus gekochten Kartoffelschalen und Haferflocken einen schmackhaften Grundköder gemacht und angefüttert.

Nun hätten mich selbst Schneesturm und Regen nicht mehr am Fischen hindern können. Dagegen war das heutige Wetter noch sehr gut zu ertragen.

Die Angel war natürlich fertig montiert. Mark VI, 0,18er Strong durchgehend, eine lange Noris Brassenpose und 11er Kristallhaken, spitz und scharf. Unterfang- und Setzkescher wurden schnell verstaut, und beim Bäcker ließ ich ein ofenfrisches Weißbrot mitgehen. Der See war verwaist und ich völlig allein. Neugierig kurvten einige Bläßhühner um mich herum, vielleicht auch verärgert darüber, daß ich am Vorabend so tief angefüttert hatte. Sie konnten trotz ihrer Unterwasser-Schwimmkünste die Leckerbissen nicht erhaschen, was auch der Sinn der Sache war.

Ausloten, suchen, noch einmal kontrollieren. Alles war schnell erledigt. Wußte ich doch, wo ich mich befand. Anfangs fing ich prächtige Rotaugen, einen Döbel, einige Ukeleis. Das war doch schon etwas. Nur die Brassen wollten sich nicht einstellen. Ich lotete neu aus und bemerkte durch Zufall eine kleine Stufe ca. 2,5 m hinter der Futterstelle, die nochmals rund 20 cm abfiel.

Neues Paniermehlfutter mit etwas Trockenpüree, schnell! Ich war mir klar darüber, daß mein schöner Brassen gestern von dort ‚unten‘ gekommen sein mußte. Um die Ukeleis und Rotaugen von der Futterstelle fernzuhalten, ließ ich harte Paniermehlklöße die Kante hinunterrollen. Das *Wegfüttern* funktionierte. Ich wurde nicht mehr vom ‚Kleinfisch‘ belästigt, mußte aber noch lange warten, bis endlich der Schwimmer seitlich anhob und wegglitt.

Ein Brassen von 3 Pfund verschwand im Setzkescher. Neuerliche Einwürfe zeigten, daß die Tiefenveränderung höchstens 2 m breit war. Wenn ich dort nicht hineintraf, bissen Kleinfische und Rotaugen.

Probe: Mistwurm, Made/Mistwurm ... Brotflocke/Mistwurm ... Das wars. Ich hatte die richtige Kombination gefunden. Die schwammige Helligkeit der Flocke und dem Geruch des halben Wurmes konnten die breiten Bassen nicht widerstehen.

Es ging Schlag auf Schlag und endete in Schwerstarbeit. Über 120 Pfund Bleie brachte ich in den Setzkescher. Zahlreiche Rotaugen und andere ‚Störenfriede' waren hinzugekommen.

An dieser Angelstelle habe ich fast den halben Winter verbracht. Manchmal mit überwältigendem Erfolg und anderntags ohne einen Biß. Doch wenn die Brassen kamen, endete es immer wieder mit einem randvollen Setzkescher. Das war speziell der Fall, wenn die Sonne direkt gegen die Kante schien, die Fische hochkamen und nun mit der Stippe von der Schar weggefangen wurden.

Als sich Eis bildete und es mich endlich trug, stellte ich meinen Freunden durch die gebohrte Öffnung nach, wobei ich auch den ersten Eisloch-Karpfen auf die Seite legte.

In diesem Winter gingen mir sage und schreibe fast 20 Zentner Brassen und andere Friedfische an den Haken. Leider kam ich im Sommer nicht mehr dazu, auszuprobieren, ob das Ergebnis zu übertreffen war, da der See zum Forellengewässer umfunktioniert und vorher gründlich abgefischt wurde.

Ob die heute dort stehenden Salmonidenfischer mehr Spaß haben als ich damals mit den Brassen? Ich weiß es nicht.

## Ein Berg Barsche am Eisloch

Tagelang herrschte schon klirrender Frost. Das Resteis des Dezembers war wieder steinhart und wurde von Tag zu Tag dicker. Hunderte von Menschen glitten mehr oder weniger elegant über das blanke Naß.

Angeln? Jetzt konnte man uns wirklich für verrückt halten. Doch so ein Wochenende ohne ...? Selbst beim Frühschoppenskat konnten meine Freunde und ich uns nicht so recht konzentrieren.

„Ich kenn' da einen See! Den Pächter auch. Dort darf man nicht Schlittschuh laufen. Das wär für uns genau das Richtige."

Was denn da drin sei, wollten wir wissen.

„Barsche, Barsche in Massen." Wir müssen alle gleichzeitig aufgestanden sein. Ein Stuhl kippte um.

Wer das Spiel verloren hatte, wurde nicht mehr ermittelt.

Telefon: „Darf ich mit meinen Freunden ... Ich danke Ihnen!“

Beil, Pickel, Bohrer und Gerät wurden blitzschnell verstaut. Die Fahrt verging wie im Fluge. Der erfrischende Marsch durch den Winterwald war ein erwartungsvolles Eilen. Da war er, ein wunderschöner See, eingebettet in einer Mulde, vom Wind fast vollkommen geschützt. Ein Traumrevier für Winterangler tat sich auf. Doch waren wir nicht allein. Zwei Sportfreunde hatten ihre Löcher schon geschlagen und versuchten ihr Glück. „Die werden nichts fangen“, meinte Ernst. Es sei dort viel zu flach. Er kannte steil abfallende Berge und große Löcher, und wir machten uns gegenüber an die Arbeit. 20 cm Eis erfordern schon einen ganz schönen Einsatz, und das Eis schien für uns Ungeduldige immer dicker zu werden. Jeder machte 2 Löcher fertig, eines für die Stellfischangel mit den letzten Karauschen aus dem Keller und eines für den Pilk bzw. die Hegene. Nichts rührte sich. Ununterbrochen mußten wir lediglich die Löcher vom erneuten Zufrieren bewahren. Auch die beiden anderen Sportfreunde brachten nichts an den Haken, wußten aber am Abend von hervorragenden Fängen des Vorwinters zu berichten.

Der nächste Tag brachte Schnee. Das war uns nur recht, da das Eis nicht mehr ganz so glatt war und die Temperaturen sich ein wenig anhoben.

Die Löcher fanden wir schnell wieder und brachten sie auf die ursprüngliche Größe. An der flachen und angeblich weniger trächtigen Stelle standen wieder die beiden anderen Angler.

Die Glocke an der Köderfischangel signalisierte schon den ersten Biß als ich mich abwandte, um am anderen Loch mit meinem ‚Spekuliereisen‘ zu tucken.

Ein Barsch von fast 2 Pfund hatte die Karausche samt Drilling und Stahlvorfach verschlungen. 10 Minuten später das gleiche und dann noch einmal. Nach sechs guten Barschen war mein Ködervorrat erschöpft.

Auf den künstlichen Köder fing ich keinen Fisch. Schade. Vielleicht sollte ich besser Rotaugen angeln, um sie als Anstecker zu benutzen.

Ernst und Heinz versuchten es weiter auf die kräftigen Räuber und führten ihnen das ganze Sortiment eleganter Blinker, Tucker und Streamer vor, nichts tat sich. Als ich mit meinem Friedfischgerät und Futter vom Wagen zurückkam, besuchte ich einen der flach angelnden Sportfreunde und kam aus dem Staunen nicht heraus.

Neben seinem Eisloch lag ein ganzer Berg herrlicher Barsche. Das Rot der Flossen überstrahlte die Menge. „Ich werd’ verrückt. Da läßt du uns da drüben Loch auf Loch schlagen und fängst dich hier dumm und dämlich." Es war nicht böse gemeint, er verstand es auch nicht so und meinte, mein Freund kenne doch den See, und er hätte angenommen, wir seien scharf auf die großen Hechte der Tiefe. Jedenfalls kamen die Barsche aus irgendeinem, auch ihm unerklärlichen Grund in diesem See sehr hoch und zogen meistens an den Uferkanten entlang.

„3 Meter Wasser reicht unter dem Loch, und dann nimmt man breite, goldene Tucker."

Es stimmte. Er hatte einen unförmigen, messingfarbenen Köder Marke ‚Eigenbau' an der Schnur und 50 cm darüber einen künstlichen Wurm. Er tuckte hart und schnell, und er fing!

Ich wollte es genau wissen und feststellen, warum die Barsche ein so winterfremdes Verhalten an den Tag legten.

Vielleicht standen die Weißfische auch so hoch, was schon eine Erklärung gewesen wäre und bei angesäuerten Waldseen durchaus der Fall sein kann. Ich ließ mich also in der Nachbarschaft nieder und angelte in seinem zweiten Loch auf Friedfische. Nichts, weder auf Weißbrot, Teig, Korn noch auf Schwemmbrot bekam ich einen Biß. Tote Stubenfliegen und einige Maden hatte ich noch, mit denen ich oft den Drilling des Tuckers schmücke um den Reiz zu erhöhen.

Also probierte ich erst die Fliege und fing einen kleinen Barsch, dann die Made: ein besserer Barsch. Ein Madenbündel: Barsch. Fisch auf Fisch sammelte sich nun auch bei mir an. Die Pose sauste förmlich durch das Eisloch, sobald ich meinen Köder hinabließ. Mit der 0,16er Strong und etwas größerem Haken wurde es ein fast sensationeller Angeltag.

Trotz der Vielzahl der Fische, die offensichtlich im See herumschwammen, waren sie außerordentlich groß. Stückgewichte bis zu $2^1/_2$ Pfund wurden gelandet. Es spielte dabei keine Rolle, wo wir angelten. Rund um den See in fast allen 3 bis 4 m tiefen Uferregionen lohnten sich neue Löcher.

Später habe ich mich noch oft mit diesem Privatgewässer beschäftigen dürfen, das im Sommer keinerlei Abnormitäten zeigte und vollkommen normal beangelt werden konnte. Es war nicht festzustellen, warum die Barsche im Winter ein derart eigentümliches Verhalten an den Tag legten, und das erst recht, je dicker das Eis wurde.

## Überraschungen gibt es immer (I)

Es wollte wohl nicht Frühling werden. Schnee, teils Eis machten die Tage immer noch ungemütlich. Die Karpfenstelle war gut befüttert.

Da uns die Köder ausgegangen waren und selbst der Misthaufen nichts Brauchbares mehr hergab, harkten wir einige Miesmuscheln aus dem nahen Einlauf. *Miesmuscheln* sind verhältnismäßig leicht zu finden, da sie dort am zahlreichsten sind, wo auch Bläßhühner und Enten die größten Anhäufungen ans Ufer oder aufs Eis legen.

Das Paniermehlfutter tränkten wir mit dem Muschelwasser, was eine außerordentlich würzige Duftfahne garantiert. Einige zarte, kleinere Muscheln wurden als Köder verwendet und deren Inhalt in kleine Streifen geschnitten. Diese halten vorzüglich an Haken, wenn man vom mittleren Fleischfestteil sternförmig nach außen schneidet und den Haken entsprechend Abb. 24 anbringt.

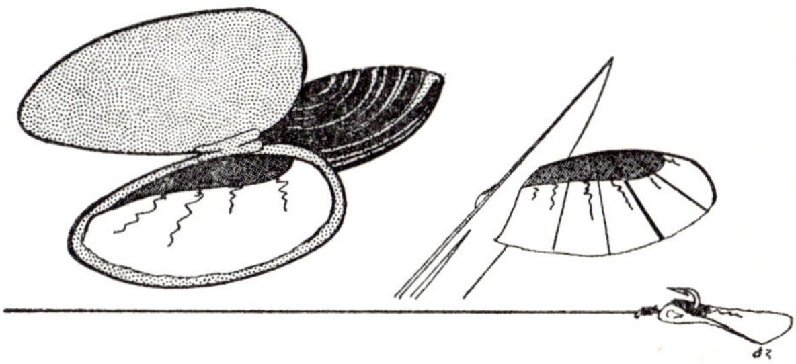

*Abb. 24. Miesmuschelköder werden sternförmig vom festen Muschelfleischkörper nach außen geschnitten und lediglich im Festteil eingehakt. Die Hakenspitze bleibt frei. Es wird früh angeschlagen. Bei größeren Köderstücken achtet man auf möglichst lockeren Sitz auf dem Haken, da dieser sonst schlecht ausschlitzt.*

Mit einer Angel fischten wir ca. 5 cm über, mit der anderen auf dem Grund.

Nach nur 20 Minuten kam der erste Biß, zaghaft, Zuckeln, Ruhe. Das wiederholte sich. Jeder Anschlag ging vorerst ins Leere. Ein kleines Stück Muschelfleisch befand sich jeweils noch am Haken.

Also, kleiner anködern, vielleicht dann ... Wieder das gleiche Bild, der gleiche Biß. An der Grundangel beköderte ich nun mit einer halben Muschel und das funktionierte.

Das Zucken wurde energischer, die Schnur zog ab. Der Anschlag saß.

Ich habe mit den Jahren gelernt, fast jeden Fisch nach dem *Biß zu bestimmen*. War mir das bis dahin nicht gelungen, holte ich es sofort nach dem Anschlag während der ersten Sekunden der Führung nach. Man kann das trainieren, indem nicht sofort mit dem Zug, sondern mit sorgfältiger Führung begonnen wird und fast alle Fische gehakt verschiedene

Verhaltensformen entwickeln, auf die hier einzugehen zu weit abschweifen würde.

Diese Übung hat aber noch einen wesentlichen Vorteil, denn selbst beim Stippen mit feinstem Gerät ist man sich schnell über sein Gegenüber im klaren und trifft im Falle unvorhergesehener Überraschungen evtl. noch Vorkehrungen, die die Landung eines Kapitalen doch ermöglichen.

Jetzt war ich jedenfalls sicher, es müsse sich um die erste Schleie des Jahres handeln, und stolz präsentierte ich meinem Freund die herrliche Aktion der Rute. Ruckend, kreisend, dann verweilend, wußte sich die Gehakte prächtig zu wehren. Dann löste sich der Fisch vom Grund, und ich hatte es leicht, ihn sichtbar zu machen.

Heller Bauch, fast schwarzer Rücken, gelbe Fleckung und ein breites Maul zeigten sich. Unser Erstaunen verwandelte sich in Begeisterung. Eine Aalquappe war auf den Köder gestiegen.

Das ist zwar nicht selten, mußte aber in diesem See verwundern, da hier noch nie ein solcher Fisch gefangen worden war.

„Du, da sind noch mehr. Das wird doch nicht immer die gleiche gewesen sein.“ Ernst hatte recht. Wir angelten bis in die Nacht und froren uns eine Quappe nach der anderen an die Haken. Sie bissen zügig, fast gierig. Endlich, als uns die Muscheln ausgingen, machten wir Schluß.

14 Aalrutten, bis zu 2 Pfund, lagen im Setzkescher und wurden stolz nach Hause getragen.

„Ich dachte, ihr seid beim Preisskat“, meinte meine Holde und ließ sich erst vom Gegenteil überzeugen, als wir unsere Strecke in die Küchenspüle entleerten. Wo wir denn *die* herhätten? Und überhaupt, die sähen ja fürchterlich aus!

„Bring mir die unappetitlichen Dinger aus dem Haus, davon eß ich kein Stück.“

Gesagt, getan. Wir verschwanden gespielt beleidigt mit einem Pfund Salz im Keller und begannen mit heimlichen Räuchervorbereitungen.

Bis zum nächsten Morgen würzten die Fische in der Salzlauge. Vormittags duftete das ganze Treppenhaus nach dem unübertrefflichen Geruch frischer Räucherei. Einen dritten Mann fanden wir auch, erst für den Skat am Ofen, dann zum Probieren der ersten Leckerbissen und schließlich für neue Angelversuche.

Doch vorerst brachten wir die zweite Ofenfüllung zurück in die Küche.

"Phantastisch, fast nicht zu glauben, und die Kinder haben reingehauen ... !“ So wurden wir abends begrüßt. Anfangs sei man ja sehr skeptisch gewesen, wußte mein Filius zu berichten, aber dann hätte ich unsere Mutti sehen sollen . . .

## Überraschungen II

Peer hatte uns mit der Herzlichkeit nordischer Gastfreundschaft begrüßt.

„Die Dorsche sind da, Wetter gut, Schiff geheizt." Wir wollten mit meinem dänischen Freund einige schöne Tage auf dem Öresund verbringen, den bekannten Riesendorschen nachstellen und die ersten Heringsschwärme suchen, die hier im Februar oft in Massen eindringen.

Die alte ‚Bonavista', ein ehemaliger Thunfänger, rollte durch die leichte Dünung. Peer fand seine Fanggründe mit unübertrefflicher Sicherheit, und herrliche Dorsche wurden an Bord gezogen. Meine mitgereisten Berliner Freunde waren vor Begeisterung kaum zu halten, und jeden Abend hatte man einen Sieger oder derer mehrere, bestimmt aber einen großzügigen Verlierer, zu feiern. Manch edler, zollfreier Tropfen machte die Runde.

Das Schiff schaukelte schon wieder über den Öresund, als am nächsten Morgen die letzten schweren Köpfe aus den Kojen lugten.

„Das Wasser ist zu glatt, sehr hell", meinte Peer. Er wollte jetzt versuchen, Heringe zu finden, da die Dorsche bei solchem Wetter oft ausschwärmen und schlechter auszumachen sind.

Ahnung hatte unser Peer wirklich und recht auch. Er fand einen Heringsschwarm von unglaublicher Größe. Gleiches hatte ich bisher höchstens in der nördlichen Nordsee auf dem Echolot der Berufsfischer gesehen. Hier nun tummelten sich die Fische unbelästigt in einem für Berufsfischer und Netze verbotenen Gebiet zwischen Dänemark und Schweden.

Ab 5 m über Grund bis 10 m unter dem Wasserspiegel war auf dem Fischzeichner alles schwarz.

Mit 4 kleinen Silberdrillingen, einem Bleilot und der Spinnrute gingen wir alle einem unterhaltsamen Treiben nach und salzten ein Fäßchen nach dem anderen voll silberner Delikatessen ein. Ich stand mit einem dänischen Sportfreund am Achterdeck und erzielte eine ‚Strecke' mit der Kamera. Der sonnige, klirrendkalte Tag erlaubte hervorragende Bilder.

Da kam Peer mit einem neuen Vorschlag: „Ihr müßt mit dem schweren Pilk unter den Heringen fischen. Dabei könnt ihr einen ganz großen Dorsch erwischen." Wir waren bereit, ihm zu glauben, denn einige Angler wollten solche Riesen schon gesehen haben, als diese den gehakten Heringen bis wenige Meter unter die Oberfläche gefolgt waren.

Nicht ganz auf dem Grund sollten wir angeln, sondern den Pilk fast bis unter die Heringe anheben. Das sei wichtig, meinte unser erfahrener Bootseigner.

Der Däne baute um und zeigte mir seine hervorragende Pilkrute Marke ‚Eigenbau', die er mit einer Ambassadeur 8500 und kräftiger, geklöppelter Schnur bestückte. Na dann man los. Ich wollte unter Deck erst etwas essen. „Schicker hol' deinen Knipskasten, so etwas hast du noch nicht gesehen", erscholl es durch die Luke, gerade als ich mir den gebratenen Dorschrogen – eine dänische Winterspezialität – auf den Teller legte.

Anfangs dachte ich, man wolle mich meines ewigen Fotoeifers wegen auf den Arm nehmen. Mißtrauisch wurde ich erst, als ich merkte, daß sich die ganze Bewegung dort oben nur noch in unserer Ecke abspielte und gespannte Ruhe eintrat. Mit fliegender Fototasche traf ich oben ein und erlebte eine dieser, dem Angelsport immer wieder beschiedenen Überraschungen. Der Däne kämpfte mit einem gewaltigen Leng, der sich in seiner ganzen Pracht in dem kristallklaren Oberwasser noch gut zu wehren wußte.

Ein neues Buch könnte man schreiben, würde man alles Gesagte, jede Bemerkung der Danebenstehenden und die Regungen protokollieren . . . Endlich brachte Peer den Fisch ans Gaff. Mit den 18 kg hatte er ganz schön zu tun.

Es dauerte eine halbe Stunde bis sich die Erregung an Bord einigermaßen legte. Alle angelten inzwischen unter den Heringen, als das Funkgerät sich meldete und der Moses aus dem Steuerhaus brüllte, Peer solle zum Nachbarschiff zurückrufen, dringend.

Man unterhielt sich in dänisch, was ich nicht verstehe. Doch Peers Gesichtsausdruck ließ Stolz und Schalk erkennen.

Was denn los sei, wollte ich wissen, als er die Muschel wieder hinlegte. „Ach der Kollege meldet zwei Lengs, 4 und 6 Pfund. Da habe ich auch gemeldet und für jedes Pfund das unserer schwerer ist zwei Flaschen Bier gesetzt . . . "

Schließlich handelte es sich um einen dänischen und Bord-Lengrekord.

Über den anschließenden Abend mit unseren nordischen Freunden möchte ich schweigen.

# Überraschungen III

Meine steigenden Erfolge beim Winterangeln hatten sich allmählich herumgesprochen. ‚Fisch und Fang' berichtete unter anderem darüber, und schon bekam ich die ersten gezielten Anfragen nach Technik und Methode. Anfangs konnte ich noch mit Einladungen dienen oder besuchte die interessierten Angler schon aus Neugier an ihren Gewässern.

Ich war gerade von einer solchen Reise an den wunderschönen Edersee zurückgekehrt, wo wir einmal nicht den Hechten, sondern den bekannt schönen Rotaugen mit Erfolg nachgestellt und rundum die Köderknappheit der Esoxangler behoben hatten. Am letzten Tag war mir Petrus besonders gewogen und schenkte mir beim ersten und einzigen Versuch einen prächtigen Hecht von 16 Pfund.

Den nahm ich, zu Hause angekommen, gerade aus dem Kofferraum, als drei Wagen auf meinen Hof fuhren.

„Der hat immer ein Glück. Nun bringt der Dezember schon mal Eis und dann gleich so ein Exemplar."

Wer Berliner Verhältnisse und die wenigen guten Angelmöglichkeiten für die zahlreichen Petrijünger kennt, wird verstehen, daß ich nun gar nicht mehr so stolz war. Im Gegenteil, es war mir fast peinlich, zumal ich glaubte, daß es mir auch an meinen heimischen Gewässern nicht unbedingt gelingen mußte, ihnen einen solchen Burschen an den Haken zu bringen.

Und das erwarteten sie doch schließlich, oder? Ich wollte mir jedenfalls große Mühe geben und versprach es ihnen. Sie schraubten ihre Erwartungen auch nicht so hoch und wollten als Freunde der Stipprute gern mit den Rotaugen anfangen und mir ein wenig auf die Finger sehen.

Es ist schon ein herrliches Treiben, wenn 8 Angler in einer Garage und einem Keller ihre Vorbereitungen für eine Winterangelwoche treffen. Es ging drunter und drüber, und bevor überhaupt einer wußte, wo er schlafen sollte, war schon der Abend angebrochen.

Eine ganze Schiebkarre voller Lockfutter stand bereit. Die Köder türmten sich, und jedes Anglerherz hätte beim Anblick der raffinierten Montagen und Geräte einen Freudensprung gemacht. Als Fisch wäre ich ausgewandert. Mit dem ersten Morgengrauen waren auch schon die Löcher fertig. Ich wollte allen Erwartungen gerecht werden und stiefelte mit Rat und Tat beladen von Loch zu Loch und von Enttäuschung zu Enttäuschung. Das konnte doch nicht wahr sein!

Nun hatte man seine guten Freunde zusammen und auch noch die Möglichkeit, sein Wissen weiterzugeben, und dann wollte oder sollte mich Petrus im Stich lassen? Doch wer kennt diese Situation nicht. Selbst große Wettkampfangler wissen von Tagen in sonst als Traumgewässer bezeichneten Seen zu berichten, an denen sie plötzlich keinen Schwanz mehr in den Kescher brachten, wenn Gäste da waren.

Es war auch diesmal wie verhext. Acht Mann und kein Fisch. Dabei war das Wetter erträglich, genug Sauerstoff im Wasser und jeder einzelne für sich von Haus aus schon ein hervorragender Angler. So ging der erste Tag „baden".

Vielleicht sollte man doch lieber zur Ostsee fahren und Dorsche pilken. Sagen mochte das keiner, doch der Gedanke stand im Raum. Ich spürte ihn förmlich.

Am frühen nächsten Morgen grunzte mich Heinz aus dem Schlaf. „Komm, wir machen die Löcher sauber und bereiten alles vor", damit hatte er meine finsteren Gedanken vertrieben und wieder einmal bewiesen, welch guter Freund und Sportler er war.

Noch im Dunkeln froren wir uns zu den Löchern und machten alle vom dünnen Eis der Nacht frei. In jedem landete eine leckere Futterkugel.

Die Stimmung beim Frühstück war ob dieser Nachricht schon beträchtlich besser als beim Hechtkarbonaden-Abendessen.

Nachdem die Thermoskannen gefüllt und der Inhalt ‚eingefärbt' war, verteilten wir uns wieder über den See. Nur eine Öffnung konnten wir nicht mehr benutzen. Ein einheimischer Sportfreund hatte sich bereits erfreut dort niedergelassen. Gerade als er auf uns zukam und sich dafür entschuldigen wollte, sahen wir seine Stachelschweinpose langsam verschwinden.

„Nun bleib nur schön hier sitzen, wir machen uns ein neues Loch. Aber jetzt wird es langsam Zeit, daß du nach deiner Pose siehst", klang es im typischen Berliner Dialekt.

Der Anschlag saß, und die Angel zeigte Widerstand von besonderer Güte. Ich tippte auf einen Döbel, war aber nicht mehr so sicher, als der Fisch sich stur zeigte und beständig im Kreis fuhr. Eine Schleie?

„Eine Schleie! Mensch, das glaubt mir ja keiner." Endlich gelang es mir, sie zu ergreifen, und die Freude unseres Sportfreundes zum Überschäumen zu bringen. „Das ist ja ein tolles Ding und das im Winter, acht Tage vor Weihnachten und noch nie eine Schleie gefangen. Feierabend", war sein letztes Wort. Er war mit dem Jahr zufrieden, packte seine Sachen, wog den ca. 3 Pfund schweren Fisch an der Zugwaage und verschwand Richtung heimatlichem Herd.

Zwei Tage ‚begnügten' wir uns mit prächtigen Rotaugen, Brassen und einigen starken Döbeln. Man war rundum zufrieden, zumal auch einige Hechte der Güteklasse um 5 Pfund auf das Eis gezogen wurden.

Die Friedfische hatten die Futterstellen gut angenommen und wurden immer größer und zahlreicher.

„Dann wollen wir es genug sein lassen", meinte Erwin. Als Entschädigung für meine Mühe sollte es noch 2 Tage auf die Ostsee gehen. „Und dann bist du unser Gast." Bei einem bekannten Fischer trieb ich für den nächsten Mittag schnell einen guten Kahn auf und freute mich selbst sehr auf die Abwechslung.

Wieder trat diese dem Angelsport eigene Erwartung, Freude und der unerschütterliche Optimismus ein, was sicher damit verbunden ist, daß immer Neues auf uns zukommen kann, eben Überraschungen.

Eine davon sollten wir noch vor der Abfahrt erleben. Heinz war schon vor dem Frühstück verschwunden. Jetzt rumpelte er die Treppe herauf, kam grinsend in die Stube und legte einen Setzkescher mit einem kräftigen Döbel und 2 Schleien mitten auf den Tisch. „Sie Ferkel . . . ", meinte meine Frau, halb lächelnd, halb um ihre Tischdecke besorgt.

„Doch immer für eine Überraschung gut!" meinte Heinz und haute mir wohltuend, aber schmerzhaft auf die Schulter.

# Fanganleitungen

## Friedfische

Das Gerät darf und muß in der kalten Jahreszeit um so vieles sensibler sein, wie es noch eben zu verantworten ist. Was nützen uns die herrlichsten Bisse an 0,12er Schnur, wenn wir den Fisch nicht landen oder ihn gar mit dem Häkchen im Maul in seinem Element zurücklassen. Bei der Auswahl der Schnur achten wir besonders auf *Kältebeständigkeit* und *Knotenfestigkeit*.

Eine Regel für den Schnurdurchmesser ist kaum aufzustellen, da die Unterschiede bei den einzelnen Angelarten und jedem Angler individuell schon im Sommer sehr groß sind. Doch legen wir 20 bis 25% Durchmesser weniger zu grunde, treffen wir etwa das richtige Maß.

Möglicherweise wird sich sogar herausstellen, daß die Gesamtsensibilität der Montage selbst oft viel wichtiger als der Schnurdurchmesser ist. Ich kenne jedenfalls zahlreiche, sehr erfolgreiche Angler, die mit verhältnismäßig starken Schnüren hervorragend fangen, und die für ‚Haardünnfanatiker' nur ein kleines Lächeln haben.

Man sollte also bestrebt sein, den guten Mittelweg zu finden, um dem erreichbaren Fisch gerecht zu werden. Verfeinern kann man notfalls immer noch und sollte daran denken, daß man nach dem eventuellen Biß des Kapitalen am Gerät nichts mehr verstärken kann.

Nun zu den Montagen, die ich so erläutern möchte, daß die mit den Jahren entwickelten einzelnen Techniken zum besseren Verständnis dargestellt werden.

1. Eine *Schwimmer- oder Posenangel* (Abb. 25) behält so lange ihre eigentliche Funktion, wie sie schwimmend verwendet wird. Das heißt: so lange die gesamte Montage vom Auftrieb getragen wird, handelt es sich um eine Posenangel.

2. Das ändert sich sofort, wenn der Haken, das untere Blei oder gar das ganze Vorfach auf dem Grund aufliegt. Jetzt fischen wir bereits mit einer *Posengrundangel*, wobei sich der Biß meistens erst dann bemerkbar macht, wenn zwischen Haken und Schwimmer so viel an Spannungsveränderung auftritt, daß die Pose in Bewegung gerät.

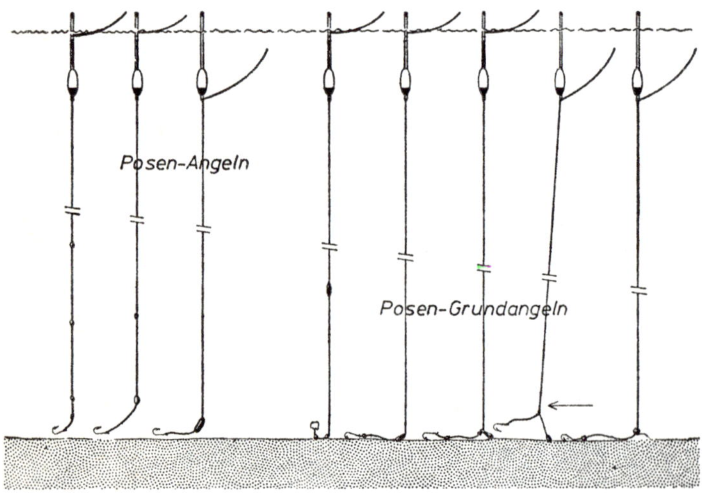


*Abb. 25. Montagen-Beispiele vom Posen- bis zum einfachen Grundangeln.*

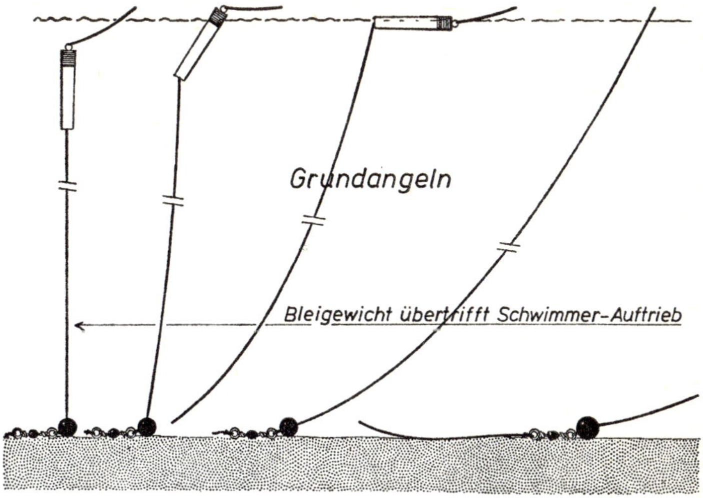


*Abb. 26. Grundangeln mit Schwimmerhilfe.*

3. Oft kommt man schon aus technischen Gründen oder des Bewuchses wegen ohne Pose nicht aus und muß versuchen, mit ihrer Hilfe die Schnur über eine längere Entfernung ‚hoch' zu halten. Dabei steht meistens das Blei nicht mehr im richtigen Verhältnis zum Auftrieb und es handelt sich bereits um eine *Grundangel*.

4. Auch für diese Montageart bestehen wieder feine Unterschiede zwischen *Spür-*, *Grundspür-* und der festliegenden *Grundangel*. Bis auf die letztere werden alle Montagen zur Ermittlung des Bisses dahingehend gehandhabt, daß man die Angelrute grundsätzlich in der Hand behält. Lediglich die einfache Grundangel wird mit entsprechendem Bißanzeiger in die Gabel oder den Rutenständer gelegt.

Um diese Unterschiede besonders einprägsam zu machen, sind in den Abb. 27, 28, 29 die jeweils möglichen *Bleibeschwerungen* erfaßt und vorgeschlagen, so daß wir uns ein besonderes Kapitel darüber ersparen können.

Auf jeden Fall wird sichtbar, daß immer jene Technik und Montage zu wählen sind, die es erlauben, den Fisch so wenig als möglich argwöhnisch und den Biß so schnell als möglich spürbar oder sichtbar zu machen.

Gerade diese Vorgänge ergeben sich aus Erfahrungswerten, sind schwer erklärbar und bedürfen des Trainings. Schluckvorgänge wird der Friedfischangler nicht abwarten. Er muß also seinen Haken schnell im Fischmaul unterbringen. Auge, Gefühl und der Mut zu verfehlen gehören dazu. Einen Biß zu sehen oder ihn sichtbar zu machen, ist relativ

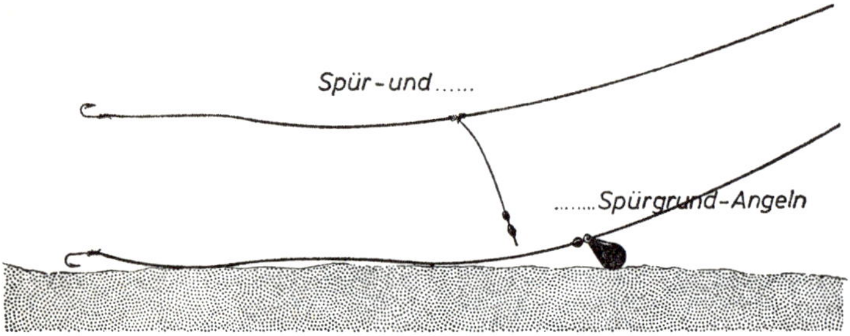


*Abb. 27. Sensibles Spür- und Spürgrundangeln.*

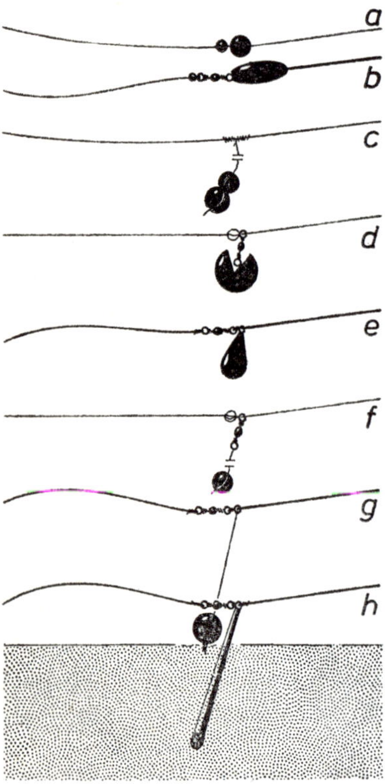


*Abb. 28. Bleimontagen zum Spür- und Spürgrundangeln*

*a. einfache Spürangel*
*b. Rollblei Spürangel*
*c. ‚offenes' Bleivorfach bei Hängergefahren (Schrot rutscht ab)*
*d. nachträgliche Bleiwahl – geringe Reibung*
*e. Spürgrundangel mit geringer Reibung*
*f. ‚offenes' Bleivorfach mit freier Hauptschnur*
*g. und h. Spürgrundangeln für tiefgründigen Gewässerboden.*

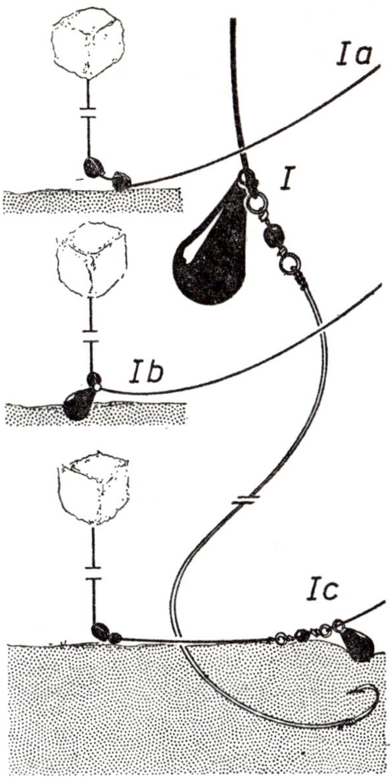


*Abb. 29. Spürgrundangel-Anwendungsbeispiel für gleichen Köder.*
*I. nicht das Gewicht entscheidet, sondern die Freiheit der Schnur!*
*Ia. Schrotbleie für ufernahes Spürgrundangeln*
*Ib. Schrotblei kombiniert mit Bleibombe für mittlere Entfernungen*
*Ic. a. und b. kombiniert mit Vorfach und für schwere Wurfgewichte.*

einfach. Ihn zu spüren bedarf sensibler Gerätehandhabung, den gleichen Biß aber schon zu ahnen und in einen erfolgreichen Anschlag zu verwandeln, wird für manchen erst möglich sein, befaßt er sich vor jedem Einwurf eingehend mit dem ganzen Metier.

Der Winterangler wird Pedant. Er kann und darf sich nicht darauf verlassen, daß die Fische im Sommer mit der ungenügend beschwerten Pose ‚abwärts' gezogen sind oder sich auch an der stark beschwerten Grundangel nicht störten und kräftig daran rissen und das alles jetzt auch tun müssen. Das sogenannte ‚sich selbst anschlagen' des Fisches ist fast überhaupt nicht ‚drin'. Dazu ist vielleicht auch schon der Haken zu klein, auf jeden Fall der Widerstand zu gering. Die Pose erhält also so viel Blei, wie sie gerade noch vertragen kann, um nicht unterzugehen. An der Grund- und Spürangel ist kein Gramm Blei zuviel.

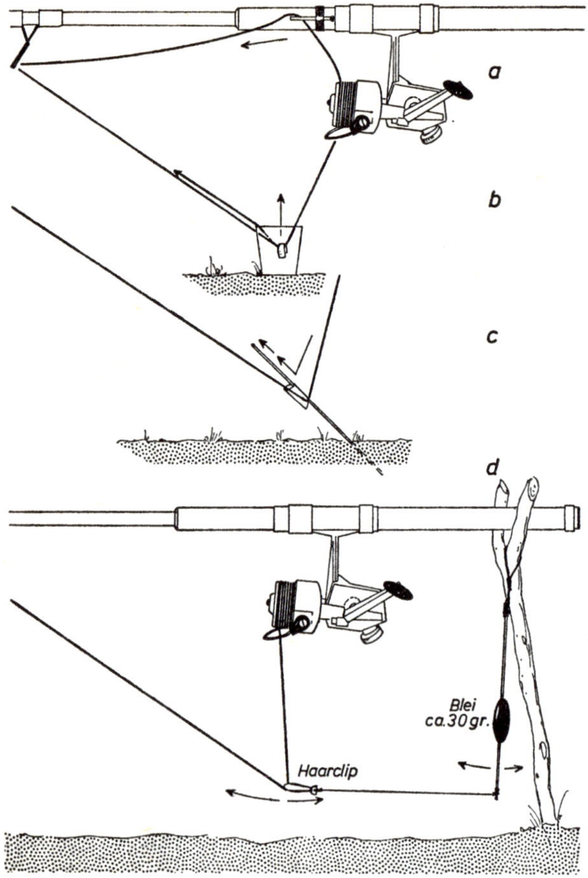


*Abb. 30. Bißanzeiger vor und unter der Rolle beim Spür-Grundangeln.*
*a. Streichholz-‚Klemme' am Rutenschaft*
*b. Silberpapier-U auf der Schnur. Bei Wind in ein Glas oder die Wurmdose legen*
*c. Silberpapierröllchen auf einem eingesteckten, glatten Stöckchen*
*d. Bißanzeiger in strömenden Gewässern mit verschiebbarem Blei und eingeklemmter Hauptschnur. Der Biß wird durch Pendelbewegung der Stricknadel (oder Holzstab) sichtbar. Das Festklemmen der Schnur im Haarclip richtet sich nach dem Widerstand. Beim Biß wird die Klemme sofort gelockert.*
*Die Technik empfiehlt sich auch für das Grundangeln mit totem Köderfisch auf große Entfernungen. Wiederum kann durch die Aalglocke unterhalb des Bleis ein akustisches Signal gegeben werden.*

Ohne Frage ist die *Spürangel* für den geübten Angler das non plus ultra. Der Könner fischt damit auf alle Geschuppten. Die dafür notwendige Übung beim Angeln von Hasel bis zum Dorsch will erlernt sein.

Zwischen dem beködertem Haken und dem Finger des Anglers muß so schnell als irgend möglich ein spürbarer Bißkontakt entstehen. Diese Technik kann nicht nur bei sehr kurzen, sondern sogar auf weite Entfernungen angewendet werden. Die Bleibeschwerung wird jeweils der Entfernung und der Untergrundbeschaffenheit angepaßt. Der Schnurdurchlauf am oder durch das Wurfgewicht soll geringstmögliche Reibung erzeugen (siehe Abb. 28).

Außerdem entfallen bei der Spürangel manche Widrigkeiten wie behinderter Schwimmer-Schnurdurchlauf, Einfluß von Seitenwind und sich in den Rutenringen verschiebende Stopperknoten bei Eisbildung.

Es lohnt wirklich, sich über einen längeren Zeitraum hinweg mit der Spürangel auseinanderzusetzen, da gerade ihre Flexibilität zu überraschenden Ergebnissen führt, sogar dahin, eines Tages den Biß tatsächlich zu erahnen.

Auf Bißerscheinungen, kleinste Regungen und Veränderungen wird unmittelbar reagiert. Sonst läßt der Fisch den Köder schneller wieder los als wir ihn an den Haken bringen.

Winterangeln ist eben kein Aalangeln im üblichen Sinne. Die sommerlichen Bequemlichkeiten entfallen restlos. Schon darum muß auch alles am Gerät zusammenpassen. Sonst wird mancher Winterneuling sein Vorhaben schnell wieder aufgeben und lieber auf die ersten warmen Frühlingstage warten. Das wäre schade, denn er ginge dabei doch an vielen reizvollen Möglichkeiten vorbei und vielleicht auch an vielen herrlichen Flossenträgern, die im Sommer auch nicht leicht zu angeln sind.

Einige davon finden wir jetzt unter den 11 erwähnten, uns verbliebenen Winterfriedfischen, wieder.

## *Aland (Nerfling)*, *Lenciscus idus* (L)

Der Aland ist ein im Sommer fast allgegenwärtiger Oberflächen-Schwarmfisch. Wie bereits die Fangkurve (Abb. 1) zeigt, kann er auch als ein ausgesprochener Winterfisch bezeichnet werden. Wir treffen ihn jetzt in größeren Tiefen an, die er nur verläßt, wenn ein strahlender Sonnentag seinen Spieltrieb anregt. Die starken Strömungen meidet er nun ebenfalls und hält sich meistens dahinter und darunter auf.

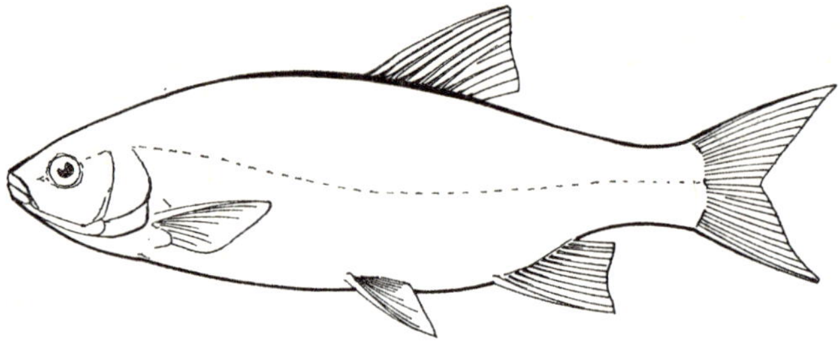

*Abb. 31. Aland*

Künstliche Köder benutzt man im Winter fast überhaupt nicht. Das ist auch nicht erforderlich, denn dieser Fisch nimmt fast die ganze Skala auf unserer Friedfischköder-Tabelle an und dankt besonders für Teig, Würmer, Bohnen und Erbsen. Der Aland bleibt auch im Winter ein schneidiger Kämpfer und sollte mindestens mit Schnurstärken 0,16 (oder dicker) und 14er Haken gefangen werden.

Da er als karpfenähnlicher Fisch auch ein Schlauberger ist, wird er trotz der Schwarmgrößen kaum in Massen, sondern vereinzelt gefangen. Trotzdem kann er aber guten Leckerbissen nicht widerstehen und kehrt immer wieder an die Futterstelle zurück.

In flachen Gewässern und oberhalb von Kanalböschungen sollte der Angler für gute Deckung sorgen. Sonst treibt der Aland mit ihm und seinem Köder eher ein lustiges, bestimmt aber kein für uns erfolgreiches Spiel.

## *Barbe, Barbus barbus* (L.)

Bei der Barbe treffen wir bereits auf einen Fisch, der dem Winterangler besonders viel Können abverlangt. Spezialisten der Barbenregionen haben schon lange erkannt, wie reizvoll das Fischen auf Winter-Barben ist.

Über kiesigem Grund und in der Nähe aller tiefen Unterstände hält sich die lebhafte Barbe auf. Da sie nicht sehr seßhaft ist, muß gut vor- und beim Angeln etwas reichlicher als üblich nachgefüttert werden. Dem Futter sollten Teile des am Haken verwendeten Köders beigefügt sein. Dieser besteht meistens aus Würmern, Käse, Maden und Muscheln. Auch Teig und in feine Streifen geschnittener Speck gelten als besonders barbenfreundlich.

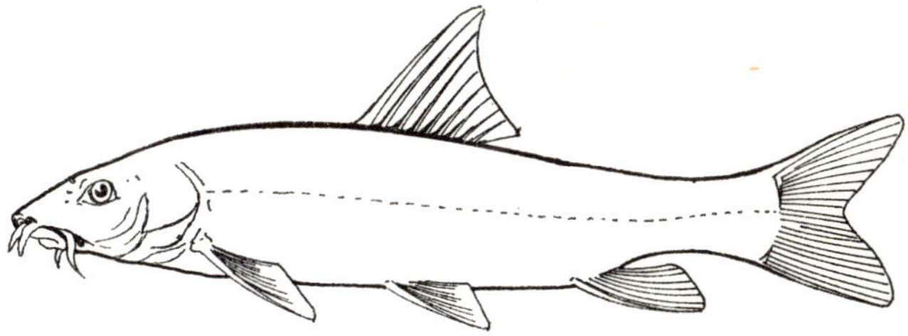

*Abb. 32. Barbe*

Die Barbe ist von Haus aus ein vorsichtiger, mißtrauischer Nahrungsaufnehmer und ändert trotz des verringerten Nahrungsangebots dieses Verhalten im Winter nicht.

Die Herabsetzung des Stoffwechsels der Barbe im Fließgewässer ist offenbar gering. Darum behält sie auch in dieser Jahreszeit ihre ungewöhnliche Kraft. Flexible Ruten (3 bis 4 m) mit starkem Rückgrat und solide Schnüre (0,22 bis 0,35er) sind angebracht und richten sich u.a. nach Bewuchs und Unterständen.

Die Angelarten werden der Strömungsgeschwindigkeit und der Gewässertiefe angepaßt. Ein Schwimmer ist nur dann anzuraten, wenn die Garantie besteht, daß der Köder am oder direkt über dem Grund geführt werden kann.

Es kommen die sensiblen Spür- und Grundangelmontagen in Betracht, und zwar immer unter der Voraussetzung, die Rute nicht aus der Hand zu legen, den Biß zu erfühlen, Kontakt zu suchen.

Der Versuch auf eine Winterbarbe, speziell auf starke Exemplare, lohnt sogar noch im kalten Januar. Das erfordert viel Vorsicht, selbst bei tiefem Wasser gute Deckung und immer neue Versuche.

Letztlich ist zu bedenken, daß Barben äußerst ‚trittempfindlich' sind. Meistens hält sich der Angler im Winter allein am Wasser auf. Die sommerliche Gewöhnung der Fische an die Spaziergänger entfällt. Meiner Ansicht nach ist der Fisch, und nicht nur die Barbe, in der Lage, das Erscheinen des Petrijüngers mit ‚Gefahr' gleichzusetzen, und er reagiert mit besonderer Vorsicht oder gar mit der Flucht.

Die Pirsch, also das fast übertriebene Anschleichen, empfiehlt sich darum nicht nur, sondern scheint mir eines der Geheimrezepte erfolgreichen Barbenangelns zu sein.

*Blei*, *Abramis brama* (L.)
*Güster*, *Blicca björkna* (L.)

Mit Brassen und Güstern können wir uns gleichzeitig beschäftigen, da sich ihre Verhaltensweisen, Freßgewohnheiten und Fangregionen fast vollkommen gleichen. Meistens sind sie zusammen mit ihren vielen Kreuzungen, entstanden durch gemeinsames Laichen, auch in den selben Gewässern anzutreffen.

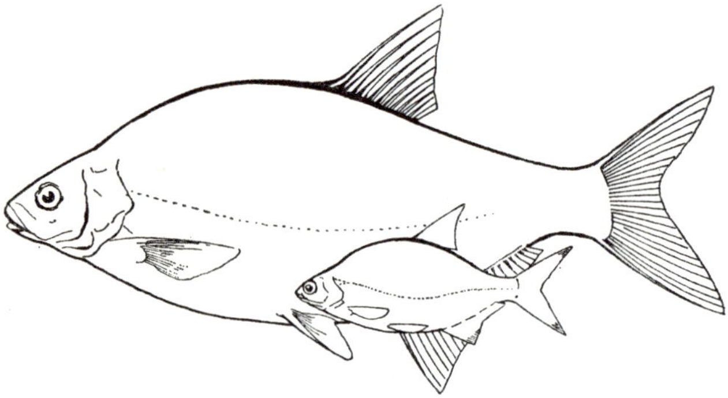

*Abb. 33. Blei, Güster*

Beides sind karpfenartige Fische, die den ganzen Winter über fressen und gut beißen, wobei sich die Güster besonders hervortut.

Im Winter nehmen sie die Nahrung genauso vom Grund auf wie im Sommer. Der Vorgang selbst spielt sich aber der Wassertemperatur entsprechend langsamer ab.

Dem kann der Angler ein wenig nachhelfen, indem er während der ersten Brassenbisse versucht, seinen Köder genau in die Maulstellung der schwimmenden Fische zu tarieren. Dabei spielen wenige Zentimeter eine große Rolle. Sonst passiert es, daß überhaupt kein Biß mehr sichtbar wird.

Von ca. 4 cm über dem Grund kann ausgegangen werden. Die Bisse machen sich dann nicht mehr durch das Anheben der Pose bemerkbar, sondern durch seitliches abgleiten. Manchmal bleibt der Schwimmer auch gleich einem leichten Hänger stehen und wird langsam von der Drift oder Strömung unter Wasser gedrückt. Der Anschlag ist fällig.

Entgegen der früher vertretenen Ansicht, man solle beim Brassenangeln auf das Abziehen warten, schlage ich stets sofort an. Die heutigen, flexiblen Ruten erlauben das, und bei vorsichtiger Führung des Fisches schlitzt der Haken nicht aus, selbst wenn er ganz vorn im Maul sitzt. Die Gegenwehr beider Fischarten ist nicht sonderlich stark, was das Risiko, sie zu verlieren, zusätzlich mindert.

Wie alle karpfenartigen Fische reagieren Brassen und Güster besonders auf mit Kartoffeln angereichertes Futter und bevorzugen tagelang einen gedeckten Tisch. Sie sind von allen Fischarten am leichtesten an eine Futterstelle zu gewöhnen.

Es empfiehlt sich aber nicht, sie im Winter mit dem Kartoffelköder zu angeln, da sie jetzt weiche Bissen bevorzugen. Die Brotflocke als Köder ist unübertroffen. Der halbe Mistwurm, die Made, Brotkruste und weicher Teig können noch besonders empfohlen werden.

Die Fische beißen, wenn überhaupt, den ganzen Tag über; die größeren Exemplare fast nur im ersten Morgenlicht und kurz vor Dunkelheit.

Beim Brassen- und Güsterangeln arbeite ich gerne mit der einfachen Stippe, also ohne Rolle. Sobald aber der Verdacht besteht, daß mir auch andere und kräftigere Fische begegnen können, wird dieses Vorhaben geändert und eine Rollenangel montiert. Das gilt natürlich auch für entsprechend tiefe Gegebenheiten.

Beiden Fischen bleibt den ganzen Winter über die Spür- und Floßangeltechnik vorbehalten. Andere Montagen empfehlen sich kaum.

### *Döbel (Aitel), Leuciscus cephalus* (L.)

Der Döbel ist nicht nur ein Allesfresser, sondern auch ein fast idealer Winterpartner unter den Friedfischen. Er steht jetzt ebenfalls tief in den

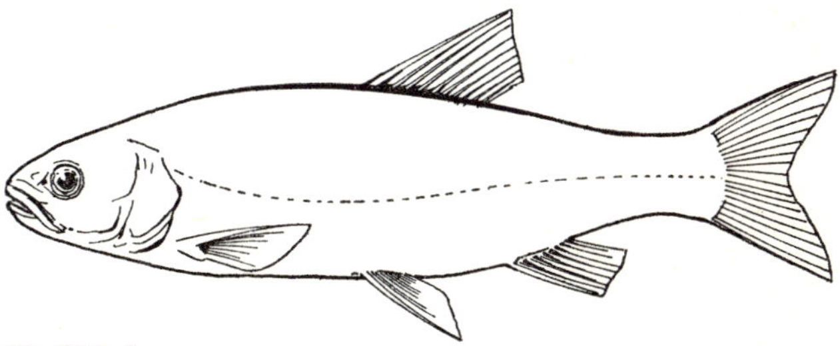

*Abb. 34. Döbel*

sauerstoffreichen Schichten und bevorzugt weiche Strömungen und Neerbildungen.

Obwohl er sogar unter überhängenden Zweigen angetroffen werden kann, sollte man ihn trotzdem nur tiefer suchen. Er weiß sehr wohl, daß jetzt kaum Nahrung von ‚oben‘ kommt und geht, um zu fressen, stets nach unten. Der Döbel wird vornehmlich in fließenden Gewässern angetroffen. In Seen ist er zwar zahlreich, jedoch sehr schwer auszumachen. Wasserzuflüsse bieten dort aber immer eine Chance.

Wer schon einmal gezielt auf Döbel geangelt und sich mit einem Exemplar von ca. 3 Pfund ‚herumgeschlagen‘ hat, wird von diesem eindrucksvollen Ereignis kaum noch loskommen und immer wieder versuchen diesem Fisch nachzustellen.

Er ist noch vorsichtiger als der Aland und pedantisch wie die Barbe. Seine Vorfachscheu verliert er auch nicht, obwohl es sich im Winter kaum noch um künstliche Köder handelt, sondern meist die schönsten Leckerbissen locken.

Dabei kann alles probiert werden. Käse hat man immer zur Hand, auch Teig, Würmer und Maden werden ihre Wirkung nicht verfehlen.

Der Angler muß seinen Köder wechseln und testen, fast genauso oft wie im Sommer der Fliegenfischer, der oft mit der passenden Farbe die richtige Größe noch immer nicht gefunden hat. Ob Hühnerdarm oder Speckstreifen, nichts darf dem Döbelangler zu viel werden. Auch konservierte Früchte sind einen Versuch wert.

Als besonderer Geheimtip gilt angekochtes Rinderhirn. Dessen Haut ist fest, und die Hirnmasse hat eine gut hantierbare Konsistenz. Dieser Köder kann gerne in stattlicher Größe angeboten werden und wird oft gierig angenommen. Selbstverständlich sollte auch damit angefüttert werden, da beim Döbelangeln der Gewöhnungsprozeß eine noch größere Rolle spielt als bei den Karpfen. Das Anfüttern selbst geht auch nicht in der üblichen Weise vor sich, sondern mit kleinen Häppchen und in kurzen Abständen.

Ein weiterer Köder, nämlich die bekannten konservierten Lachseier (in allen Farben) sollte man ebenfalls stets zur Hand haben. Erst dann wird der Döbelangler diesem harten Kämpfer gerecht und eventuell für seinen Fleiß entschädigt.

Auch die Wahl der Gerätemontagen, bei denen wir eine 0,25er Schnur von größter Haltbarkeit (strong) zugrunde legen, muß variabel sein.

Alle in den Abb. 25, 26, 28 gezeigten Techniken kommen in Frage, und es kommt durchaus vor, daß dort, wo gestern noch die Spürangel unübertrefflich war, heute nur noch der mit dem Floß angebotene Köder zieht.

In England gibt es spezielle Döbel-Winterangelclubs. Dort wird genaue Statistik darüber geführt, mit welchem Gerät, bei welcher Temperatur und unter welchen Umständen am erfolgreichsten geangelt wurde.

Ich fragte vor der Niederschrift dieses Buches einen Freund von der Insel nach den Ergebnissen dieser Untersuchungen, und er teilte mir freundlich und unter Beilegen zahlreicher Listen mit, daß es einfach unmöglich sei, Schlüsse aus den Fangergebnissen zu ziehen, die auch nur annähernd ein Erfolgsrezept zuließen. Der letzte Satz seines Briefes lautete: „Lieber Dieter, du hast einmal bei anderer Gelegenheit über die Schleie geschrieben, sie sei die Primaballerina unserer Gewässer. Ich behaupte, dann ist der Döbel ihr Balettmeister. Er übertrifft an Launenhaftigkeit einfach alles. Lediglich in den ersten warmen Februar- oder Märztagen spezialisiert er sich anscheinend mehr auf einen knackfrischen Wurm."

J. W. Martin, ein bekannter englischer Angler beschreibt im Buch des Verlags Paul Parey „Die hohe Schule des Angelns" von J. Norman den Döbel als einen durchtriebenen Fisch ‚gleich einem Halunken' und erinnert daran, daß selbst die unwahrscheinlichsten Praktiken gerade gut genug sind, um ihn an den Haken zu bekommen. Und er hat damit recht.

Oft habe ich diesen Halunken sorgfältig am gegenüberliegenden Ufer beangelt und erwischte ihn schließlich direkt vor mir, was allen Anleitungen des Döbelfangs widerspricht.

Das sollten wir auch bei der Köderauswahl und deren Größe berücksichtigen. Wenn vielleicht mittags nur das feine Angebot zu Bissen führte, kann schon Stunden später der große Brocken gerade richtig sein. Das gilt ganz besonders für die letzten Januartage und den ganzen Februar. Dann ist der Döbel prächtig in Form und bietet fast sensationellen Sport. Bekanntermaßen nimmt er auch das Köderfischchen gern. Darauf sollte sich der Angler besonders einstellen und sich mit Gründlingen versorgen. Natürlich tun es auch andere Kleinfische. Es scheint aber, als ob der Döbel den Gründlingen in der kalten Jahreszeit besonders zugetan ist.

Er beißt, wenn sein Appetit es gerade erlaubt, erstaunlich energisch und kann schnell angeschlagen werden, wobei sich der kleine Drilling besonders bewährt hat. Obwohl ich selbst kein Freund von Drillingen beim Friedfischangeln bin, halte ich deren Anwendung bei dieser speziellen Fischwaid auch für tote Köder wie Käse und Hirn für durchaus angebracht, was auch den Vorteil erhöhter Köder-Haltbarkeit in Strömungen und erfolgreicherer Anschlagwirkungen hat.

Wie gesagt, probieren muß man einfach alles, um ein guter Döbelangler zu werden. Ist man aber auf dem Wege dazu, kann man sich fast schon als Winterspezialist bezeichnen.

## *Hasel, Leuciscus leuciscus* (L.)

Haselangeln ist etwas für Individualisten oder solche, die nichts unversucht lassen möchten. Der Hasel, auch Häsling genannt, verlangt Gefühl, schnelle Reaktionen und feinstes Gerät. Dafür bietet er dem Angler von November bis März außerordentlich viele Möglichkeiten in fast allen Barben- und anderen Fließwasserregionen.

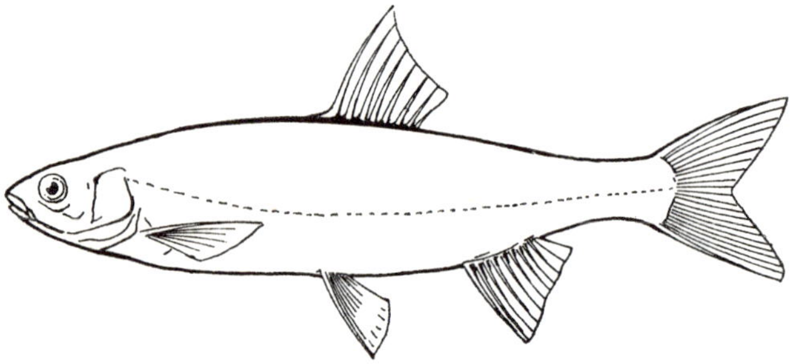

*Abb. 35. Hasel*

Bei Hochwasser stiehlt er sich gern in schwache Strömungen, kleine Gräben und Bäche. Der Hasel ist ein gewitzter kleiner Bursche und gehakt ein ‚großer' Kämpfer mit verhältnismäßig viel Ausdauer. 0,10er bis 0,16er Schnur, Häkchen von 11 bis 18 und feine Köder sind für ihn gerade richtig. Der saubere Jungwurm, eifrig zappelnd, wird besonders bevorzugt. Dazu kommen Maden, tote Stubenfliegen und Sprock. Auch Teig und gequollener Weizen sind immer einen Versuch wert.

Man wird fast ausschließlich mit der feinen, möglichst unauffälligen Floß- und Spürangel zu Werke gehen und alle Wassertiefen berücksichtigen. Der Anschlag erfolgt sofort, fast unmittelbar während des allerersten Verdachts auf einen Biß.

Das äußerst sensible Maul befähigt den Hasel nämlich dazu, zwischen natürlicher, angeköderter oder mit einem Faden versehener Beute rasch zu unterscheiden und selbst die schönste Leckerei sofort wieder auszuspucken.

## *Karpfen, Cyprinus carpio* (L.)

Der Kapfen ist *mein* Wintersportfisch, was in diesem Buch schon zum Ausdruck gekommen ist. Dem Irrtum seiner angeblichen Winterlethargie wollen wir darum keine besondere Bedeutung mehr beimessen.

*Abb. 36. Karpfen*

Wenn manche Angler wüßten, wie viele Karpfen sich unter den Futterstellen für Wasservögel herumtreiben, welche von den Spaziergängern reichlich bedacht werden, sie würden bestimmt unruhiger vor dem Fernseher sitzen.

Dem Karpfen stellen wir mit bedingt feinerem Gerät über die ganze kalte Jahreszeit hinweg an den auch sonst üblichen Stellen nach. Sollte er diese nicht ansteuern, sucht er die abgefaulten Seerosenfelder nach brauchbarer Nahrung ab. Durch seinen langsameren Stoffwechsel braucht er zwar weniger Futter, doch ist sein Bedarf noch immer hoch. Darum scheut er sich auch nicht, in flache, nahrungsreichere Zonen vorzudringen. Für den Angler ist genau das die Chance, ihm gezielt nachzustellen.

Wer aber nun glaubt, daß die Lethargie auch seine berühmte Vorsicht und Sensibilität beeinflußt, irrt gewaltig. Zum Winterkarpfenangeln gehört doppelte Vorsicht, Sorgfalt und Disziplin.

Ich erinnere mich noch gut an einen ganz besonderen Tag, dem Geburtstag meiner Frau. Unsre Gäste sollten die schon berühmt gewordenen ‚Schicker-Winterkarpfen' serviert bekommen, die im Geschmack, nebenbei gesagt, unübertrefflich sind.

Für Vorrat hatte ich leider nicht gesorgt, und seit 14.00 Uhr hockte ich in unserem Garten am Wasser. Doch wenn es unbedingt gelingen soll . . .

Bis es dunkelte angelte ich mit dem leichten Gerät über einem mit Steinen gefüllten Weißbrot, also förmlich auf dem Punkt – direkt auf der Kante zwischen Schar und Grund, siehe Abb. 37.

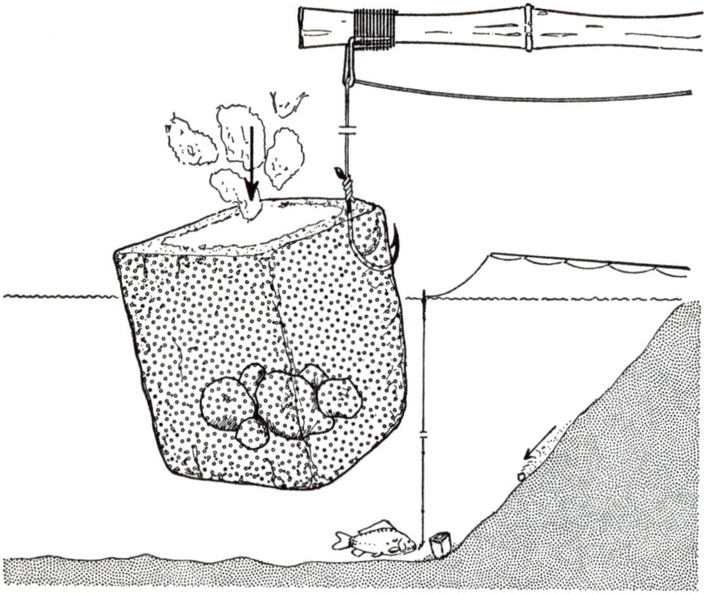

*Abb. 37. Weißbrot halbiert als konzentrierte Anfütterung. Nachdem die Steine eingebracht sind, wird das Brot mit feuchten Flocken und Paniermehl wieder aufgefüllt. An einen großen Haken oder Zwilling gehängt, läßt man es mit dem Bambusstock der Senke (oder ähnlichem) hinab und nach wenigen Minuten kann man den Haken ruckartig aus dem Brot lösen. Mit kleinen festen Paniermehlklößen füttert man gezielt aber sparsam nach.*

Tatsächlich brachte ich es auf 2 schöne Exemplare von je $3^1/_2$ Pfund, die sich zwischen einigen Brassen und Rotaugen an den Haken geschlichen hatten. Rotwurm mit einer fetten Made schien an diesem Nachmittag der Idealköder zu sein. Das änderte sich unmittelbar mit der eintretenden Dämmerung. Kein Biß mehr.

Den Weg zum Bäcker machte mein Sohn. Das frische Weißbrot war vielleicht die Lösung. Ohne Pose, nur mit einem kleinen Blei beschwert, ließ ich eine Flocke absinken. Meine Güte, war das kalt.

Um 17.00 Uhr hatte sich zwar der Bestand an Brassen vergrößert, doch ... „Mit den beiden werden wir wohl nicht auskommen“, meinte meine anschleichende Gute. Bernhard und Frau hätten sich auch angekündigt. Damit war ich wieder allein.

Ich stellte mir ein Zeitlimit bis 18.30 Uhr. Das würde reichen, um mich anschließend ein wenig frisch zu machen, die Fische vorzubereiten und wie üblich Chefkoch zu spielen.

Die Zeit und auch mein Silberpapier schienen stillzustehen. Nichts regte sich mehr. Ich wollte gerade die Angel aufnehmen, Schluß machen. Da! Der Widerstand war gut, sehr gut sogar. Den Anschlag setzte ich automatisch und ... alle wurden satt.

Mit 14 Pfund hatte ich nicht nur die Erwartungen weit übertroffen, sondern wieder einen der Burschen erwischt, die sich heimlich, fast unbemerkt im Schutze der Dunkelheit an den Köder schleichen.

Womit wir schon beim Nachtangeln im Winter wären. Genau wie zu wärmeren Zeiten, unberechenbar und unvorbereitet, trifft man den Karpfen im Winter bei Nacht an. Er geht in ganz flache Zonen und ist mir schon direkt am Ufer in 30 cm tiefem Wasser begegnet. Seine Verhaltensweisen sind keine Gewohnheiten schlechthin, sondern und gerade an stark beangelten Gestaden anscheinend wohl durchdacht. Anders lassen sie sich kaum erklären.

Dabei hat sich der vom Grund aufsteigende Köder in Form einer Flocke oder Kruste (siehe Abb. 29) bestens bewährt und muß als Favorit gelten.

Der Angler sollte es sich zur Regel Nummer 1 machen, daß jede überflüssige Montage an der Schnur störend und hinderlich ist. Danach muß er handeln und möglichst mit durchgehender Hauptschnur, offenem Rollenbügel und leichtem Bißanzeiger unter der Rolle (laut Abb. 30) angeln.

Hat der Karpfen den Köder angenommen, zieht er meistens zügig ab. Selten bleibt er stehen oder unterbricht den Biß in Einzelphasen. Dann handelt es sich meistens um Brassen oder Güstern. Ebenso selten steigt er nach oben auf, wobei die Schnur durchfällt und der Bißanzeiger absackt. Auf jeden Fall wird sofort mit einem soliden Anschlag geantwortet und die Artbestimmung des Fisches nach der ersten Kontaktaufnahme versucht.

Der Karpfen wird meistens sofort eine geradlinige Gegenwehr zeigen. Er ist zwar im Winter nicht ganz so energisch und hart, doch weiß er sich ausgezeichnet zu wehren und Fluchtchancen in Unterstände hinein zu suchen. Es ist also notwendig, ihn nie zu unterschätzen und auch damit zu rechnen, daß er nach einer langen, ruhigen Drillphase plötzlich außerordentlich ins Geschirr geht.

Auf die Gefahr hin, daß ich bei einigen Lesern zu viel Optimismus geweckt habe, sei abschließend nochmals bemerkt: nur Geduld und Einsatz führen zum Erfolg. Nicht umsonst prägte ein Zyniker den Satz; nicht jeder Fischtag sei ein Fangtag. Für mich bleibt es trotzdem ein Angeltag, mit oder ohne Karpfen im Rucksack.

## *Nase, Chondrostoma nasus (L)*

Nasenangeln heißt in des Wortes wahrstem Sinne: Nase haben!

Braucht es für den Hasel schon eines Individualisten, so fordert die Nase ihn besonders.

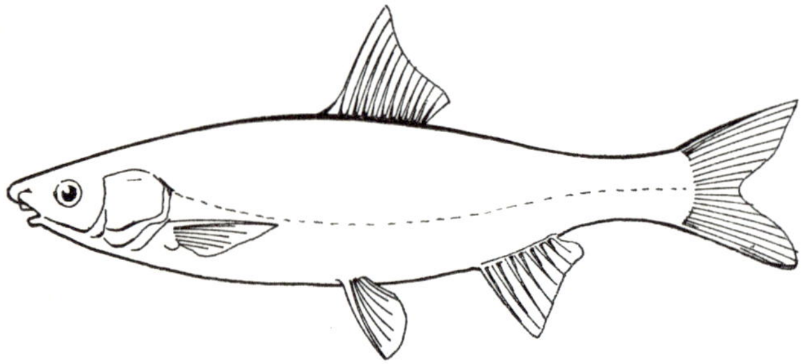

*Abb. 38. Nase*

Die Reviere beider Fische gleichen sich fast vollkommen, obwohl die Nase etwas ruhigere Stellen neben der Strömung bevorzugt. Äußerst empfänglich ist sie für qualitativ gutes Anfüttern und Kleinstköder. Das entspricht ihrem kleinen, fast zierlichen ‚Mund'. Der Ausdruck Maul ist ihrer wirklich nicht würdig. Die Nase beißt den ganzen Winter über sehr gut und wird extrem fein geangelt. Haken und Schnüre dürfen unter den Werten des Hasels liegen. Auch die Köder wie Wurm, tote Mücke, Fliege, Käse und Teig sind fast zierlich. Vom Käse wählt man den feinsten und bringt nur kleine Kügelchen auf die Hakenspitze.

Beim Nasenangeln kann fast von Filigranarbeit gesprochen werden, vielen eine willkommene Abwechslung beim Grundangeln mit Bißanzeiger.

Der Köder wird grundsätzlich auf oder wenig über Grund angeboten. Als Gerät kommen die Floß- und Spürangel in Frage.

Die Nase ist ein vorzüglicher kleiner Kämpfer mit blitzschnellen Bewegungsabläufen, die eine äußerst sensible, feine Rute erfordern.

## *Plötze (Rotauge), Rutilus rutilus* (L.)

Mit der Plötze begegnen wir dem Spatzen unter den Fischen. Sie ist genau wie der gefiederte Frechdachs allgegenwärtig. Dennoch läßt sie sich nicht so leicht fangen wie allgemein angenommen wird.

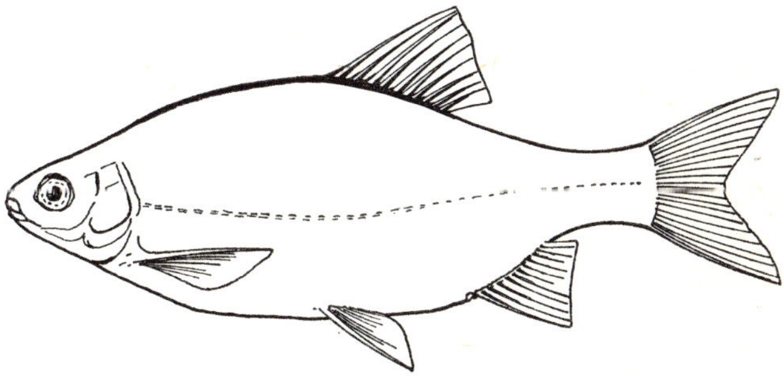

*Abb. 39. Plötze*

Als Winterfriedfisch zählt sie zu den ganz großen Favoriten und beißt fast durchgehend bis in den April hinein. Es gibt keinen, der in unserer Tabelle angeführten Friedfischköder, der den Versuch bei der Plötze nicht lohnt. Teig, Brotflocken, Weizen und Maden werden dabei den Vorrang genießen. Gutes und gezieltes Futter ist genauso wichtig wie die schon beschriebene Suche nach dem geeigneten Platz dafür. Der allgemein üblichen Annahme, beim Rotaugenangeln im Winter sei die größtmögliche Tiefe gerade gut genug, stimme ich nicht zu. Ich habe nicht nur viele, sondern auch große Exemplare selbst im Januar schon in 1,5 m tiefem Wasser gefangen und das in Seen, die weit über 20 m tief sind.

Plötzen wissen Futterstellen, Einläufe und umweltbedingte Gewässerveränderungen schnell zu finden und sind fast immer genauso die ersten dort, wie die oben erwähnten Spatzen vor der Parkbank.

Wer aber glaubt, den Rotaugen, und erst recht den größeren davon, ohne weiteres beikommen zu können, wird sich wundern.

Wissen wir doch aus eigener Erfahrung, daß beim Köderfischangeln so mancher Anschlag ins Leere geht, obwohl die Pose absauste wie eine ‚Verrückte‘ oder nur kleine und mittlere Exemplare an den Haken gebracht wurden und selten ein großes.

Versierte Rotaugenangler fallen nicht durch die große Stückzahl im Setzkescher auf, sondern durch die Vielzahl starker Fische. Das gilt ganz besonders im Winter. Das Festhalten eines Schwarmes, die genaue Tiefeneinstellung des Hakens und der blitzschnelle Anschlag sind ganz wesentliche Merkmale.

Große Plötzen haben anscheinend gelernt, den Köder mit artistischer Gewandheit vom Haken zu zaubern oder diesen wieder loszulassen, bevor der Angler überhaupt an den Anschlag denken konnte.

Außerdem scheinen die Kapitalen sich ziemlich exakt an Freßperioden zu halten, die in den ersten drei Morgen- und den letzten Abendstunden liegen. Fast immer bestehen die ersten Fänge aus kleineren Fischen, die aber schnell von ihren größeren Artgenossen beiseite gedrückt werden. Die Schwarmbewegungen von Rotaugen sind sehr schnell. Die Entscheidung der Fische, sich an einer Futterstelle niederzulassen, kann kurzfristig in das Gagenteil umschlagen, womit die Bisse schon wieder beendet sind. Nur regelmäßiges Nachfüttern kann hier Abhilfe schaffen.

Wir stellen der Plötze fast ausschließlich mit der reinen Posenangel dicht über dem Grund nach. Im Winter bietet sich noch die *Schleifbleiangel* (siehe Vorfachabbildungen) in flacheren und leicht strömenden Gewässern an. Die Spürangel behalten wir den großen Exemplaren auf Entfernung vor. Schnüre von 0,10 bis 0,18 mm ⌀ mit feinen, sehr spitzen Kristallhaken sind besonders zu empfehlen.

### *Rapfen (Schied), Aspius aspius* (L.)

Ob wir im Rapfen einen Friedfisch, einen Raubfisch oder gar einem „Salmoniden ohne Fettflosse" begegnen, ist teils im Ernst, teils im Scherz schon Thema mancher Gesprächsrunde gewesen.

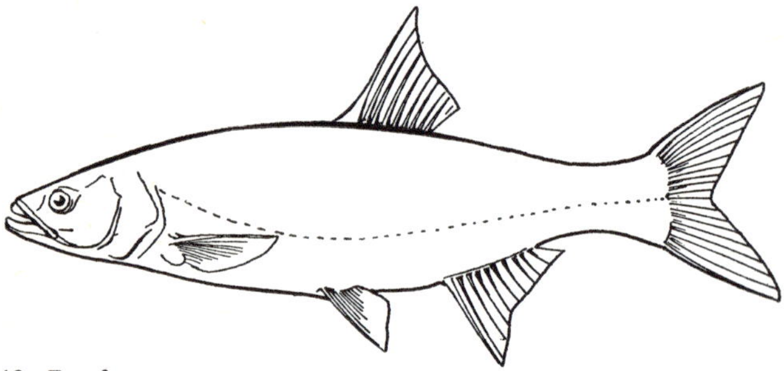

*Abb. 40. Rapfen*

Daß dem Rapfen so viel Bedeutung als Sportfisch zukommt, wird ihm durchaus gerecht, wovon jeder Angler berichten kann, der diesen ungestümen und eleganten Burschen jemals an der Angel hatte.

Behandeln will ich ihn als Weißfisch unter Berücksichtigung seiner besonderen Eigenschaften.

Während der Rapfen, ein räuberischer, karpfenartiger Fisch, im Sommer fast nur mit großen Fliegen und kleinen Spinnern an der Oberfläche geangelt wird, ändern sich die Gegebenheiten schon mit den ersten kalten Tagen vollkommen. In Flüssen, Kanälen und Seen sucht er nun die Tiefe auf und wird mit der Floß- und Spürangel gefangen.

Als Köder sind Maden, Tauwürmer (Mistwürmer nur begrenzt) und kleine lebende sowie tote Köderfische anzuraten. Anfüttern ist kaum möglich, es sei denn, man hat einige kleine tote Ukeleis übrig. Diesen muß die Luftblase zerstochen werden, damit sie auch absinken. Dieser Tip gilt natürlich nur für stehende Gewässer.

Der Rapfen wechselt seine Gefilde schnell und stetig. Er ist unruhig und hält sich nur vor Zuflüssen länger auf. Die Scheu vor Schnüren verliert er auch im geringeren Tiefenlicht niemals.

Seine Gier bei der Futteraufnahme weiß er beim geringsten Argwohn sofort zu zähmen. Für den Angler bedeutet das außer der Geduld bei der Suche nach diesem schönen Fisch, sich gewissenhaft Gedanken über die Schnurstärke zu machen.

Dabei haben sich die Empfehlungen für das Barbenangeln bestens bewährt, was auch auf die Rute zutrifft. Noch zu berücksichtigen ist, daß der Rapfen sich fast wütend und aufgrund seiner gewaltigen Schwanzwurzelkraft explosionsartig wehrt. Dabei nimmt er den Kampf im offenen Wasser auf und sucht glücklicherweise selten nach Unterständen. Was für uns sicherlich von großem Vorteil ist. Obwohl wir mit dem Rapfen einen fast idealen Winterfisch antreffen, macht er uns selbst die Jagd am schwersten. Wer nur einen von ihnen an den Haken bringt, wird tagelanges Frieren und manche Enttäuschung vergessen. Der Angler sollte sich seiner Sache jedoch erst ganz gewiß sein, hat sich das Keschernetz endlich um die silberne Pracht geschlossen.

Mit etwas Glück steigt der Rapfen auch auf den kleinen Barschtucker. Doch lohnt sich das gezielte Angeln damit höchstens mit der Spinnrute in den großen Flüssen und hinter den Staustufen wie z.B. an der Elbe bei Geesthacht.

## *Rotfeder, Scardinius erythrophthalmus* (L.)

Entgegen früheren Meinungen ist das Rotfedernangeln bis weit in den März hinein möglich.

Die absoluten Oberflächentechniken des Sommers kann man zwar vergessen, sollte sich aber darauf einstellen, daß die Fische an sonnigen Tagen sehr weit nach oben kommen. Selbst über gewaltigen Tiefen treiben sie sichtbar ihre Spielchen in den wärmenden Sonnenstrahlen.

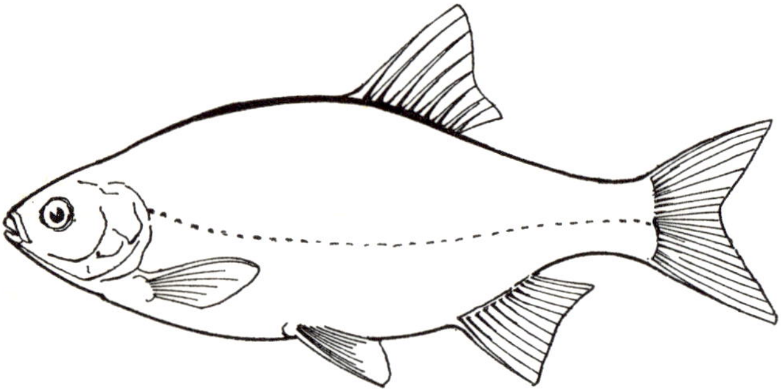

*Abb. 41. Rotfeder*

Das Nahrungsangebot sowie die Köder gleichen denen des Rotaugenangelns. Beides verfeinert sich aber bis zur Technik auf den Hasel.

Rotfedern sind im Winter erstaunlich lebendig und wechseln die Wassertiefe schnell. So steigen sie dem eingeworfenen Futter entgegen und gehen mit ihm zusammen wieder ‚auf Tiefe'. Darum wird in Grundnähe, aber nicht unbedingt direkt auf oder über dem Boden geangelt. Wo wir der Rotfeder sicher sind, kann sogar die kleine Mormyschka gute Erfolge bringen. Man sollte aber stets darauf achten, daß die Rotfeder sehr leicht zu verärgern ist und den Futterplatz verläßt, wenn ihr etwas nicht ganz geheuer vorkommt.

Das letzte Blei der Floßangel kann vom Häkchen etwas weiter absitzen als für Plötzen, da die Rotfeder den Köder gut annimmt und versucht, ihn seitlich wegzuziehen, was am Floß schnell zu sehen ist. Dabei sitzt natürlich nicht jeder Anschlag. Trotzdem ist er jetzt durchaus angebracht, da der Köder sonst bei auftretender Spannung zwischen Haken und Schwimmer meistens losgelassen wird.

Im Drill ist die Winterrotfeder der Plötze weit überlegen und setzt ihren etwas höheren Körper geschickt ein. Darum sollte man mit Rücksicht auf die etwas dünneren Schnüre, zumindestens aber des Vorfachs, eine besonders wippige und leichte Rute verwenden; wobei selten eine Rolle nötig ist, es sei denn man muß großen Abstand überbrücken.

## Raubfische

Die meisten Raubfische fühlen sich im Winter außerordentlich wohl. Sie verändern ihr Freßverhalten kaum, sondern lediglich ihre Lebensgewohnheiten. Der Hecht zieht seine Bahn in der sauerstoffreichen Tiefe. Auch der Zander kommt abends und morgens nicht mehr in flache Bereiche, wie er es im Sommer gerne tut. Die Barschschwärme werden größer und bleiben trotzdem wohlsortiert nach Größe und Jahrgang. Große Einzelgänger suchen ebenfalls Gesellschaft und ziehen hinter den artverwandten Schwärmen her. Der Wels hingegen bleibt in der Nähe seiner tiefen Unterstände und wird ein wenig bequemer.

Ganz gegensätzlich verhält sich die Quappe. Die Kälte veranlaßt sie zu immer neuen Raubzügen und dazu, ihren Stammplatz zu verlassen. Neuen Unterschlupf findet sie überall.

Dem Angler bieten sich also trotz der zum Teil im Januar einsetzenden Schonzeiten umfangreiche Möglichkeiten, die eine typische Geräteumstellung für die Winterangelei nicht notwendig machen. Lediglich in der Verwendung der Kunstköder treten, bis auf einige Ausnahmen, Veränderungen ein, auf die ich später noch zurückkomme.

Vorher sollte der Angler noch einmal berücksichtigen, daß sein Gerät außerordentlichen Belastungen ausgesetzt ist. Er muß es sorgfältig auf einwandfreie Funktion hin überprüfen. Die Schnüre werden leicht spröde und sperrig. Darum dürfen nicht die kleinsten Unebenheiten an den Schnurführungen von Rute und Rolle vorkommen, die Schaden verursachen könnten.

Große Rutenringe sind von Vorteil, weil beim Einholen weit abgelaufener Schnüre Eisbildungen unvermeidlich sind. Schnurstopper werden besonders fest gebunden, um Verschiebungen im vereisten Spitzenring unmöglich zu machen. Letztlich sollte daran gedacht werden, daß der gute 5Pfünder des Sommers nun wesentlich mehr Gegenwehr liefern kann, was schon mit der durch die Tiefe bedingten Wassermasse auf seinem Rücken teilweise begründet ist. Zum anderen verlassen die Raubfische ungern die sauerstoffreichen Schichten und nutzen alle Möglichkeiten, so lange als möglich dort zu bleiben.

Das erfordert vom Angler in großen Seen noch eine wesentliche Überlegung. Der Anschlag muß sofort zu einem optimalen Sitz des Hakens führen. Die Dehnung der Schnur übertrifft aber meistens die Rutenlänge, was der Anschlagwirkung sehr hinderlich ist. Dem kann man nur durch sehr feste und natürlich stärkere Schnüre entgegentreten. Sie müssen ermöglichen, daß der Haken oder Drilling aus dem Köderfisch ausschlitzt und in das zum Teil sehr harte Maul (Hecht/Zander) der Räuber eindringt.

Wie gesagt, die Chancen der Raubfischangler werden mit fallender Temperatur immer größer, doch gibt es noch vieles zu bedenken, bevor man den Kapitalen ans Leder geht.

## *Barsch, Perca fluviatilis* (L.)

Mit dem Barsch begegnen wir wieder einem fast typischen Winterfisch. Zwar liegt seine bekannt gute Beißzeit in den Monaten September/Oktober, doch behaupte ich, ihn im Winter genauso zahlreich, in größeren Exemplaren und durchgehend bis in den April hinein fangen zu können.

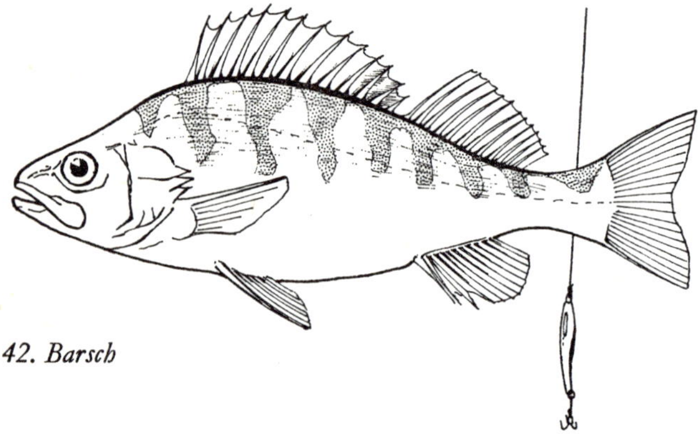

*Abb. 42. Barsch*

Sein Fang bietet uns auch die technisch umfangreichsten Möglichkeiten, wobei lediglich die Spinnrute an zugefrorenen Gewässern wegfällt. Doch halten wir uns dann natürlich mit dem Tucker schadlos und sind somit schon bei einem der hervorragendsten Barschköder, den es in vielen Variationen gibt. Abb. 43 zeigt einige Beispiele.

Die Eigenart der Pilks/Tucker (auch Zocker genannt) liegt darin, verschiedene Kleinfische flüchtend, torkelnd und spielend zu imitieren. Da man direkt über dem Köder steht, kann dieses Vorhaben sehr gut verwirklicht werden. Dabei braucht der Angler durchaus nicht zimperlich vorzugehen und kann gern schnelle Fluchten in ganzer Rutenlänge vortäuschen. Ist der Barsch erst einmal aufmerksam geworden, wird er den passenden Moment nicht verfehlen, um den Köder zu erhaschen.

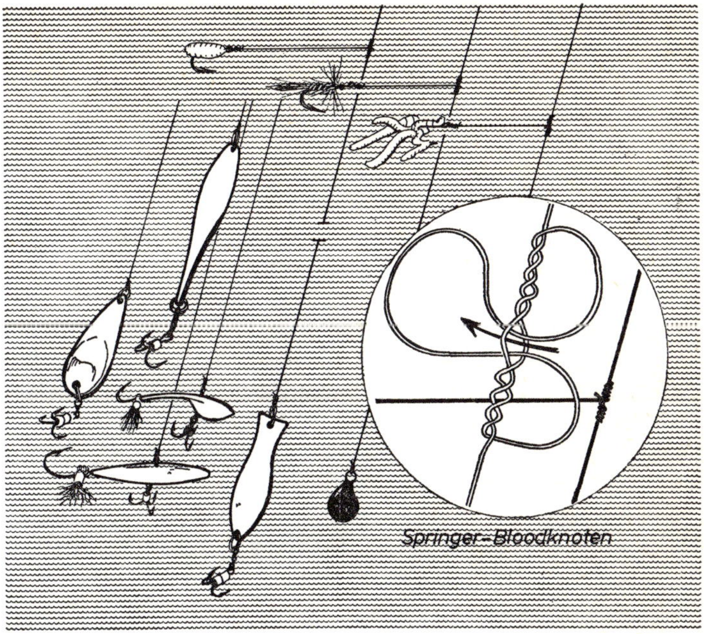


*Abb. 43. Tuckervariationen und Springer-Vorfächer. Diese werden nach dem Prinzip der Hegene-Angel mit dem Bloodknoten gefertigt, wobei auch natürliche Köder wie Wurmbündel und Maden benutzt werden (vergleiche Abb. 7).*

Beim Tucken kann es zu richtigen Massenfängen kommen, die noch zu steigern sind, indem man dem Köder, wo erlaubt, noch einen Springer in Form einer künstlichen Made, eines Streamers oder Wurms vorschaltet (Abb. 43). Der Futterneid scheint die Gier der Fische enorm zu steigern, und oft sitzen sie nun an den oberen Ködern. Sogar Doubletten gibt es.

Zum Angeln mit dem kleinen Pilk oder Tucker empfiehlt sich außer der im Kapitel über ‚Geräte und Zubehör' besprochenen Mormyschkenangel eine kleine Pilkrute. Diese sollte im Höchstfalle 170 cm lang und ein wenig steifer sein als gleichlange Spinnrutenexemplare. Eine solche Rute läßt sich sehr vielseitig verwenden und wird auch bei der Stellfischangelei ihre Wirkung nicht verfehlen.

Der Handel bietet dafür sehr gute Exemplare als Teleskop- sowie als zweiteilige Steckruten mit 3 bis 5 Ringen an, die sich schließlich auch im Sommer sehr gut als Boots- und Universalgrundangel (z.B. beim Aalfischen) verwenden lassen.

Die Springer-Technik wird auch mit der Trapezmontage in leichter Strömung und dem möglichst quicklebendigen Wurm- oder Madenbündel erfolgreich praktiziert. Dabei lohnt sich auch das weite Auswerfen und stufenweise Heranziehen der Montage.

Der Appetit der Winterbarsche auf fast jeden Köder ist bekannt. Nicht selten belästigt er die Plötzenstipper und macht sich u.a. an Teig und Käse zu schaffen. Darauf wollen wir ihm natürlich nicht gezielt nachstellen. Uns bleiben schließlich außer den bereits genannten Ködern noch das Mistwurmbündel, Muschelfleisch, Garnelen, Fischfetzen und Mehlwürmer, um an den tiefen Kanten der Barschberge und Zuflüssen unterhaltsamen Sport zu finden. Selbstverständlich steht auch im Winter der kleine Köderfisch an allererster Stelle, wenn es dem Angler nur gelingt, einige aufzutreiben.

Die Möglichkeit, viele Barsche an der gleichen Stelle zu fangen, sind im Sommer begrenzt. Oft begleiten die Artgenossen den gehakten Fisch bis zum Angler, wodurch sicherlich ein wesentlicher Warneffekt entsteht und man u.a. den Schwarm sehr schnell auseinanderziehen kann.

Diese Momente fallen im Winter weg und man scheint kaum zu merken, wenn ein Nachbar aus der Tiefe verschwindet. Außerdem sind die Schwärme größer, was ohnehin schon die Aussicht auf eine gute Fangquote steigert.

Oft muß man die Barsche suchen oder lange darauf warten. Die Möven verraten sie jetzt nicht mehr durch die bekannten Sturzflüge nach den aufgescheuchten Kleinfischen.

Nun muß der Angler Fleiß und Geduld zeigen. Er wird dafür aber auch entschädigt, zumal der Drill und die Hoffnung auf ein stärkeres Exemplar an der feinen Spinnrute oder Floßangel ein besonderes Erlebnis sind. Durchgehend 0,18er bis 0,25er Schnur sollte dafür genügen.

Wo es erlaubt ist, mit mehreren Haken zu fischen, sollte man unbedingt die Hegene (siehe Abb. 7) ausprobieren. Diese ebenfalls aus dem fernen Osten stammende Angelart kann außerordentlich erfolgreich sein, zumal man die Möglichkeit hat, viele Köderarten an die einzelnen Springerschnüre zu binden. Von der Mormyschka über die Fliege, den beköderten Haken und den Streamer ist alles erdenkliche zu empfehlen. Nicht selten sind mehrere Haken mit Fischen besetzt. Als Gewicht benutzt man am besten ein Senkblei oder den Pilk. Beides sollte nicht zu leicht sein, damit die Montage schnell absinkt und die Fische sie nicht durcheinanderbringen können.

Beim Bootsangeln habe ich immer eine Hegene bei mir oder knüpfe sie schnell. Dazu benutze ich eine kürzere, leichte Rute mit 0,25er Schnur. Meine Freunde tauften diese Angel ‚Schickers Spekuliereisen'. Das hat seinen Grund darin, daß ich erstens selbstverständlich nach Barschen damit suche, zweitens aber verwende ich sie auch als Lotangel. Dazu befindet sich auf der Schnur wieder der rote Wollstopperknoten.

Ankere ich über einer Stelle an der ich z. B. auch meinen Hechköderfisch aussetze, kontrolliere ich gleichzeitig die Tiefe an meinem Hegenestopper. Verlege ich nun auf einen anderen Platz, um meine Hechtangel wieder auszusetzen, zeigt die Hegene sehr schnell die veränderte Tiefe an, die ich beim Ablassen des Köderfisches gleichzeitig an der Angel verändere.

Ich schlage also zwei Fliegen mit einer Klappe und erspare mir die sonst unerläßliche Loterei. Der Stopper an der Hegene (auch an der Tuckerangel) hat aber noch einen großen Vorteil. Er zeigt nicht nur an, ob und wann das Senkblei in Bodennähe ist, sondern er ermöglicht laufende Tiefenvariationen, die dann notwendig sind, wenn die Fische in freiem Wasser sind. Hat man sie endlich gefunden, muß die Tiefe kenntlich gemacht werden. Was eignet sich dafür besser, als ein gut sichtbarer Stopper auf der Schnur? Ein klein wenig Spekulation ist also tatsächlich dabei. Mir hat sie schon zu manch guter Strecke verholfen und viel Zeit und Arbeit erspart.

## *Hecht*, *Esox lucius* (L.)

Es hat in meinem Anglerleben bisher keinen Spätherbst oder Winter gegeben, in denen nicht zumindestens ein kapitaler Hecht von der 20-Pfund-Marke in meinem Kescher landete. Ich stelle den Hechten zu dieser Jahreszeit lieber nach als im Frühjahr, wo sie zwar auch guten Sport bieten,

*Abb. 44. Hecht*

doch mir im flachen Wasser – und teils noch geschwächt von der ‚Hochzeit' – eben nicht so reizvoll erscheinen wie in ihrer winterlichen Pracht und Kraft.

Die veränderten Verhaltensformen der Raubfische habe ich bereits angesprochen und nun gilt es besonders, sich diesen anzupassen. Man sollte immer von der Voraussetzung ausgehen, daß der Hecht hinter dem Futterfisch und in der Tiefe lauert.

Natürlich gibt es überall Ausnahmen. Auch ich habe große Hechte schon mitten im 20 m tiefen See an der Oberfläche schlagen sehen, sie aber in den seltensten Fällen erwischt. Diese Vorgänge scheinen mir lediglich Zeugnis dafür zu sein, daß an der Stelle Bewegung im Wasser ist und sie künden tatsächlich oft Futterfischschwärme an, wovon ein flüchtendes Exemplar eventuell den gierigen Räuber nach ‚oben' gelockt haben mag.

Gleiche Erfahrungen habe ich beim Uferangeln gemacht und dem plötzlich dort schlagenden Hecht versucht, an der nächsttieferen Stelle beizukommen, was oft gelang.

Überall dort, wo erfahrungsgemäß auch Futterfische, Barschschwärme oder andere Ansammlungen vermutet werden können, sollte man Esox nachstellen. Das erfordert in der kühlen Jahreszeit einen äußerst beweglichen Angler. Stures Ansitzen wird schnell langweilig. Vielleicht fischt man gar im Trüben, da die Hechte fast schwarmartig hinter und unter den Fischschwärmen herziehen und ganze Bereiche abkämmen können. Das trifft sogar auf die ganz Kapitalen zu, die sich u. a. nicht selten auch an ihren kleineren Artgenossen vergreifen. Echtes Revieren entfällt also vollkommen bis auf die wenigen Ausnahmen in kleinen Flüssen und Kleingewässern.

Das Gerät bleibt dem des Sommers gleich, nur die Wassertiefe spielt eine entscheidendere Rolle. Ich bin schon oft belächelt worden, wenn ich immer wieder neu auslotete oder mit meinem ‚Spekuliereisen' das Wasser kontrollierte. Doch habe ich nun einmal die Erfahrung gemacht, daß den ganz guten Exemplaren nur nach sehr gewissenhafter Vorbereitung beizukommen ist.

Selbst in Tiefen von über 20 m schwimmt mein Köderfisch grundsätzlich entweder 2 m unter der sauerstoffreichsten Schicht und somit unter den Futterfischschwärmen oder an ganz kalten Tagen genau $1^1/_2$ m über dem Grund.

Ich versuche aus dem Köder immer ein besonderes Angebot zu machen. Dabei spielt auch die Größe eine entscheidende Rolle. Die Erklärungen dafür beruhen ausschließlich auf meinen Erfahrungen und den Eigenarten der Hechte selbst, denn: erstens scheinen sie Einzelgänger außerhalb eines Fischschwarmes zu bevorzugen und können ihnen selten widerstehen. Zweitens reizt den Hecht ein außergewöhnlich großer Köder, z. T. weit über 1 Pfund!, sehr, den er der mehrmaligen Jagd auf einige kleinere vorzieht. Drittens scheint er die behinderte Schwimmfähigkeit eines Fisches, speziell eines Köderfisches zu erkennen, was wiederum Kraft spart, bequemer für den Hecht ist. Viertens aber ist es immer wieder erstaunlich, manchmal unglaublich, mit welch großen Ködern Hechte fertig werden. Ich fing mit 500 g Rotaugen schon Hechte von weniger als 4 Pfund Stückgewicht. Sie hatten den Fisch vollkommen verschlungen. Mit den Jahren habe ich es mir zur Regel gemacht, den besonders schlauen Räuber mit immer größeren Köderfischen nachzustellen. 100-Gramm-Posen tuckerten mit gewaltigen Brassen, Döbeln oder Karauschen über den See. Eines Tages packte der Schlauberger dann zu, wofür ich gerne eine Woche oder noch mehr Zeit drangegeben hatte.

Wenn er aber auf jegliche Versuche nicht reingefallen war, griff ich zu einer ganz speziellen, vorrangig am Grund sehr erfolgreichen Methode: dem Angeln mit dem toten Hering. Anwendung findet nun wieder die gelegte Grundangel mit Schwimmer oder dem Bißanzeiger unter der Rolle. Der Hering wird ausgeworfen, sackt gegen die tiefen Kanten ab und erzielt durch seinen Eigengeruch eine außerordentlich gute Lockwirkung.

Es empfiehlt sich auch, ihn vom Boot aus abzulassen, ein Stück weiterzurudern und ihn nach dem Ankern in beliebigen Abständen immer etwas näher zu ziehen, um so einen großen Bereich abzufischen.

Der Hering wird entweder an zwei am Stahlvorfach befestigte Drillinge montiert oder durch Aufziehen mit der Ködernadel. Abb. 45 verdeutlicht den Vorgang.

Für extreme Weitwürfe wird man mit einem Wollfaden das Stahlvorfach in der Schwanzwurzel stabilisieren müssen, damit unter dem Druck des Wurfes der Köder nicht ausschlitzt. Bei planem Untergrund empfiehlt sich die ‚Leichterung' des Hering, der durch einen in den Schlund eingeführten Styroporzylinder so viel Auftrieb erhält, daß er in Vorfachlänge oder nach Wahl über dem Grund steht.

Beim Angeln mit dem Hering wartet man den Schluckvorgang genauso geduldig ab wie beim lebenden Köderfisch und setzt erst dann den Anschlag.

Über das Schleppangeln im allgemeinen habe ich mich ebenfalls an anderer Stelle schon geäußert, möchte aber gerade bei der Jagd auf den

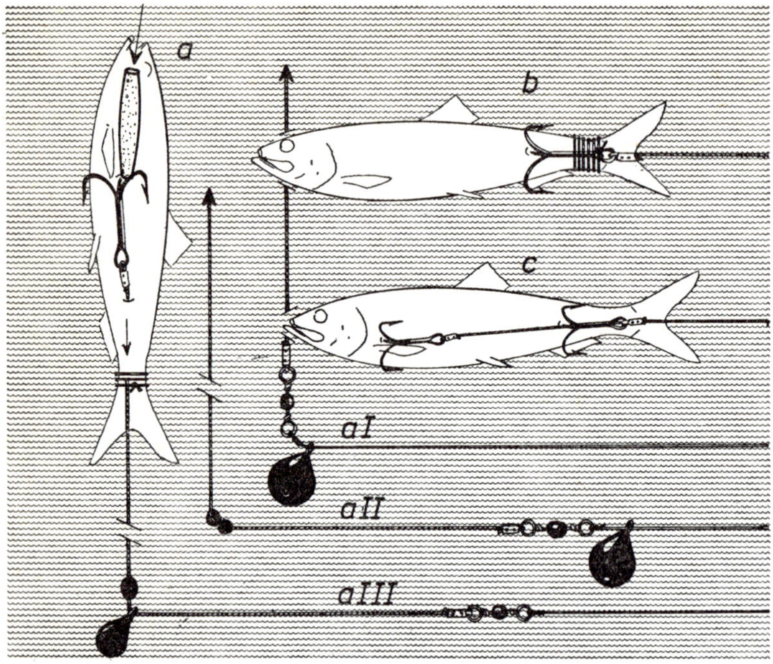


*Abb. 45. Toter Hering als Köder. Die Anköderung erfolgt nach Notwendigkeit. Einige Beispiele:*
*a. Der Köder wird durch einen Styroporzylinder aufgetrieben*
*b. einfache Bindemontage für weite Würfe*
*c. Zweidrilling-System*
*Auch die Handhabung der Vorfächer kann den Umständen angepaßt werden:*
*aI. freies Vorfach/wenig Hauptschnurreibung*
*aII. Vorfach zusätzlich belastet zwecks grundnaher Köderstellung*
*aIII. leichteres Hauptblei im Vorfach für Köder in Grundnähe in leicht strömenden Gewässern.*

Hecht noch einmal darauf zurückkommen. Das tote Rotauge oder der Hering bieten sich als Köder wieder besonders an. Die Montage der Fische erfolgt nun entgegen der schluckgerechten aus der Abb. 45. Am besten verwendet man eines der handelsüblichen Systeme zum Spinnfischen (Abb. 46).

Der Schluckvorgang wird nicht abgewartet, sondern sofort ein ‚knallharter' Anschlag gesetzt. Wegen der besagten Schnurdehnung empfehle ich nun Stärken von 0,45 mm ⌀ an aufwärts.

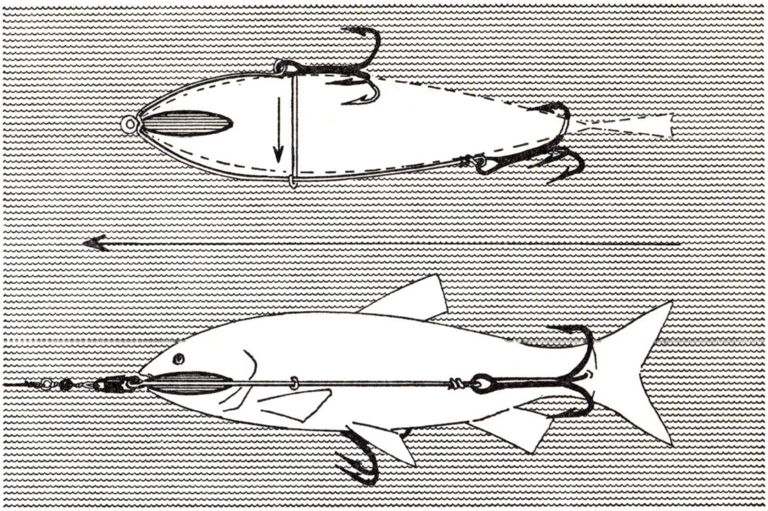

*Abb. 46. Klammer-Hakensystem für naturgemäße Schwimmstellung des Köders beim Spinnen und Schleppen.*

Das gilt auch für die nun folgende „Sinkenlassen-ziehen-Technik", die ich als Geheimtip Nr. 1 für Bootsangler ansehe. Wieder kommt der Köderfisch nach der Schleppmontage zur Wirkung oder auch ein stattlicher Wobbler mit Tiefenschaufel.

Der Köder wird vom treibenden Boot aus abgelassen, wobei sich der Angler mindestens um die $2^1/_2$fache Länge der Tiefe vom Boot entfernt. Nun wird Spannung aufgenommen und der Köder in torkelnde Bewegung versetzt. Dem Zug folgt ein Sinkenlassen, manchmal bis auf den Grund. Auch die Gefahr eines Hängers muß man im Winter in Kauf nehmen. Er wird dann einfach überrudert und läßt sich nun meistens mit dem Zug von der entgegengesetzten Seite wieder lösen.

Je nach der Treibgeschwindigkeit wird der Köder durch zusätzliches Blei beschwert, um das Auftreiben zu vermeiden (Abb. 47).

Dabei empfehlen sich Bleibomben aus dem Gerätekasten, die ich durch einen mit 2 Karabinern versehenen Wirbel anbringe und an der bereits abgelassenen Montage hinuntergleiten lasse. Nicht zu verwechseln ist diese Technik mit dem schon beschriebenen Karavanschleppen, wo, bedingt durch die Montage der Vorfächer und des steten Drucks nach unten, der Kontakt zum Köder weitgehend verloren geht. Abschließend sei mir nochmals die Bemerkung erlaubt, daß erfolgreiches

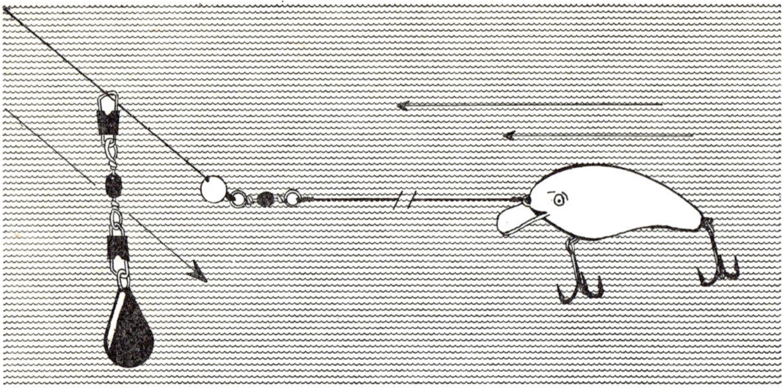

*Abb. 47. Zusätzliche Schleppköder-Beschwerung durch nachträglich hinabgelassene Bleibombe. Ein Wirbel wird beidseitig mit einem Karabiner versehen.*

Hechtangeln immer eine Fleißaufgabe ist. Ich habe mit meiner ‚Unruhe' schon an den unmöglichsten Tagen herrliche Fangergebnisse gehabt.

## *Quappe (Rutte, Trüsche), Lota lota* (L.)

Die Quappe begleitet den Angler von November bis zur Laichzeit, die sich weit in den März erstreckt, als vorzüglicher Sportfisch, und sie ist verhältnismäßig leicht zu fangen. Da sie als besonders schädlicher Laichräuber gilt, wird man es gerne sehen, wenn der Angler versucht, ihr gezielt nachzustellen.

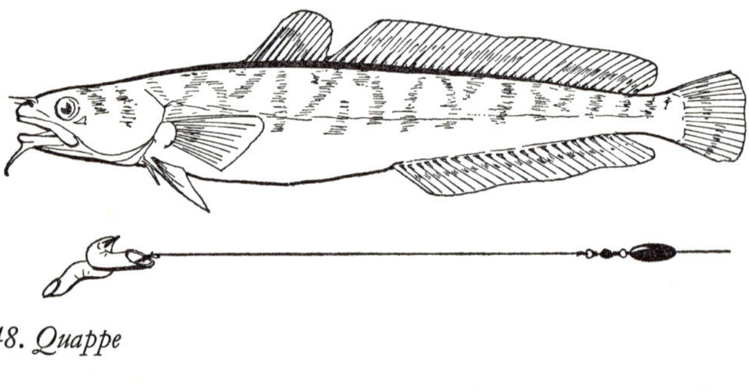

*Abb. 48. Quappe*

Sie lebt in der Nähe von Zuflüssen, in Fließgewässern an Unterständen und selbst in kleinsten Seitenarmen, wo man sie kaum noch vermuten sollte. Zwischen Steinhaufen oder ähnlichen Gelegenheiten kann es tagelang zu anhaltenden Fängen kommen. Genau wie es durchaus möglich ist, daß wir der Quappe unter einer kleinen Brücke in verhältnismäßig flachem Wasser begegnen, oder im See bis zu 40 m tief! Quappenfang kann man als Aalangeln im Winter bezeichnen, da auch Technik und Köder fast gleich sind.

Der Quappe wird man vielleicht als zusätzlichen Leckerbissen noch den sehr fängigen Hühnerdarm anbieten, auch geronnenes Blut (Schwarzsauer), sowie das im Döbelartikel bereits erwähnte Hirn. Mit den letzten beiden Ködern und mit ein wenig Kleie und Sand läßt sich ein hervorragendes Anfütterungsmittel herstellen, dessen Anwendung beim Quappenangeln unbedingt zu empfehlen ist, da dieser Fisch außerordentlich gut auf Duftstoffe reagiert.

Auch der eigentlich den Friedfischen zugedachte Futtersack tritt nun wieder in Aktion. Sein Inhalt ändert sich natürlich entsprechend und auch das Gesamtgewicht, denn meistens wird man die Montage werfen müssen. Es ist auch nicht notwendig, große Mengen Anfütterung zu produzieren, da die konzentrierte Duftfahne allein entscheidend ist und keine freßbaren Partikel aus dem feinen Netz austreten sollen.

Nach dem Angeln wird die etwas unappetitliche Masse natürlich nicht ins Wasser geworfen, sondern ordnungsgemäß vernichtet oder vergraben.

Selbstverständlich kann man auch zerkleinerten Futterfisch mit in den Sack bringen. Der Fisch muß aber vorher ausgenommen und gereinigt werden, da die Fischeingeweide mit den meisten Krankheitserregern behaftet sind und im Wasser zu einer Gefahr werden können.

Quappenangeln kann sehr kurzweilig sein und wird den Freund der Nachtangelei besonders begeistern. Das Gerät wählt man etwas stärker als für den Aal und wird damit den häufig auftretenden Hängern gerecht. Diese kommen auch nach dem Biß noch vor, wenn sich die Quappe in einen Unterschlupf zurückzieht. Das läßt sich vermeiden, indem schnell angeschlagen wird. Bei weichen Ködern kann das auch sehr erfolgreich sein, da der Haken rasch austritt und in das Fischmaul eindringt. Doch bei Verwendung kleiner Köderfische oder Fetzen wird es schon schwieriger, und man sollte doch besser den Schluckvorgang abwarten.

Ich benutze darum starke Schnüre, also ab 0,40 mm ⌀ und warte bis ich sicher bin, daß der Bissen hinuntergewürgt ist. Hat sich die Quappe verkrochen, ziehe ich sie einfach aus ihrem Unterschlupf heraus. Natürlich kommt dann auch mancher Ast und anderer Unrat mit zu Tage, doch handelt es sich beim Ruttenfischen ja nicht um spinnwebenfeines

Nasenangeln im freien Wasser, sondern um das Fischen mit starkem Gerät in meist unwegsamen, hindernisreichen Wasser-Gelände. Quappenfleisch ist nicht nur geräuchert eine außerordentliche Delikatesse, sondern es sieht auch sehr appetitlich aus.

## *Wels (Waller), Silurus glanis* (L.)

Welsangeln ist eine Spezialität, bei der ich mich nicht großer Erfolge und vieler Praxis rühmen kann. Meine Erfahrungen reichen dafür nicht aus. Trotzdem muß dem Wels natürlich in diesem Buch die Beachtung geschenkt werden, die er gerade in den Jahresendmonaten auch verdient. Nicht wenige Angler in Deutschland, Polen und den südwestlich gelegenen Ländern stellen ihm bis weit in den Winter hinein nach.

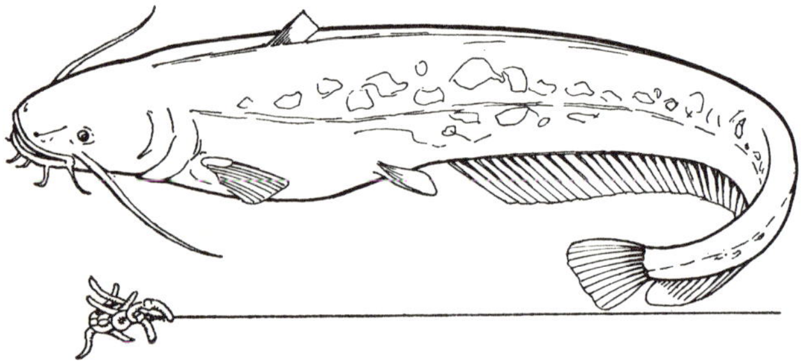

*Abb. 49. Wels*

Sie suchen den Wels jetzt nahe allen möglichen Unterständen in den tiefen Zonen der Gewässer mit dem Kleinfisch, dem Wurmknäuel oder sogar mit dem Blinker. Die Winterfangquote der Welse ist also nicht deshalb geringer als im Sommer, weil die Fische nicht fressen und somit auch nicht beißen, sondern sicher darum, weil es schon sehr viel innerer Überwindung bedarf, tagelang erfolglos auf einen Fisch anzusitzen, den man auch im Sommer nicht jeden Tag an den Haken zaubert. Spezialisten wissen ihr Geheimnis um die erfolgsträchtigen Plätze gut zu hüten, versicherten mir aber darüber hinaus, daß gute Fänge in der kalten Jahreszeit durchaus möglich sind.

Das stabile Gerät bleibt gleich dem des Sommers, wobei allerdings der Schwimmer meistens entfällt und die einfache Lege- sowie Grundangel den Vorzug erhält.

Die meisten Chancen bieten sich bei plötzlichem Wetterwechsel und in den späten Abendstunden. Morgens scheint der Wels ein wenig faul zu sein. Oder sind es die Angler?

## *Zander (Schill), Lucioperca luosioperca* (L.)

Das Winter-Raubfischangebot wird vom Zander vorzüglich abgerundet. Er bietet dem Angler von November bis in die jeweils einsetzenden Schonzeiten optimale Fangmöglichkeiten und verdient darum besondere Beachtung. Seine Lebensweise verändert sich dem Winter zu kaum. Nur seine Gewohnheit, im Sommer nachts in die ganz flachen Uferzonen zu kommen, schränkt er weitgehend ein, da er dort auch kaum noch Kleinfische vorfinden würde. Vor großen Schilffeldern mit steil abfallenden Kanten, die er nun systematisch absucht, wird man den Zander immer antreffen.

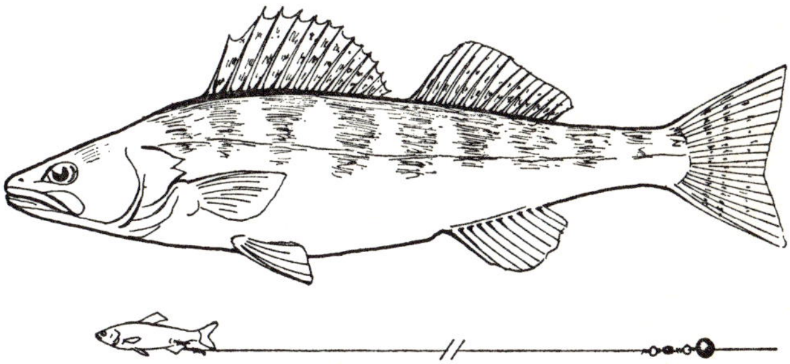

*Abb. 50. Zander*

Er zieht unruhig wie eh und je durch das Gewässer und bevorzugt tiefe Kuhlen, Mulden und andere Unebenheiten zum Verweilen.

Seinen Appetit stillt er, genau wie der Hecht, nun ebenfalls mit größeren Fischen als die mit denen wir ihm im Sommer und Herbst nachgestellt haben.

Die Bisse sind auch nicht mehr so zögernd und unentschlossen, so daß die sprichwörtliche ‚Nervenbelastung' zum größten Teil entfällt.

Lediglich die Launenhaftigkeit des Zanders und somit die Ungewißheit für den Angler bleibt. So kann es im Winter durchaus vorkommen, daß der typische Zandertag mit bedecktem Himmel und leichter Brise nicht einen Biß bringt und am nächsten Morgen bei strahlender Sonne die für den Barsch gedachten Köderfische gierig von Zandern angenommen werden. Genauso ungewiß bleibt, ob der gestern zahlreich angetroffene Zander auch am nächsten Tag noch vor der Schleuse oder an anderer Stelle steht.

Der Angler muß versuchen, all diesen Umständen gerecht zu werden und fleißig sein. Stellungswechsel, die Suche mit dem langsam über Grund geführten Fetzenköder und viel Beweglichkeit führen schließlich mit den üblichen Gerätemontagen (verfeinerte Hechtangel ohne Stahlvorfach) zum Erfolg.

Stures Warten nutzt nichts, und es kann manchem das Angeln im Kalten verleiden. Daß das nicht so sein muß, habe ich in meinem Büchlein ‚So fängt man Zander' (Verlag Paul Parey) eingehend geschildert.

Ich bin sicher, der Leser wird danach sehr viel mehr über den Zander und seinen Fang wissen, womit der Reiz, ihm nun auch an kalten Tagen nachzustellen, von allein entsteht.

## Salmoniden

An ‚Wintersalmoniden' bleibt dem Petri-Jünger zwar keine große Auswahl, doch bieten ihm die Fettfloßler die variantenreichste Fischwaid überhaupt, was nicht zuletzt mit den unterschiedlichen Lebensgewohnheiten von Äsche, Huchen, Seeforelle, sowie Lachs und Meerforelle zusammenhängt.

Entgegen anderer Forellen- und Saiblingsarten erfordern die genannten Fische sehr unterschiedliche Techniken und gezielte Anpassung.

Der Angler hat dabei das Glück, sich mit den kapitalsten der Gattung herumschlagen zu können und wird vielleicht den Fisch seines Lebens an den Haken bekommen. Außer der Äsche können alle anderen behandelten Salmoniden die Gewichtsklasse von 20 Pfund weit übertreffen. Das erfordert Standhaftigkeit in jeder Beziehung und entsprechend stabiles Gerät. Ich möchte unbedingt davor warnen, nur mal den berühmten Versuch zu wagen, sondern darauf hinweisen, daß der Biß eines kapitalen Salmoniden für lange Zeit der einzige bleiben kann. Schon darum wären Leichtsinn oder unpassendes Gerät unverzeihlich.

Der Angler hat durch die fast ausschließlich verwendete Spinnrute große Bewegungsfreiheit und sollte diese auch nutzen, ob von Gumpen zu Gumpen am Fluß, in der Meeresbrandung oder an den zauberhaften Gestaden der bekannten Seeforellengewässer. Sein Vorteil liegt darin, daß er weniger belästigt wird als im angler- und touristenreichen Sommer. Der Angler sollte frohen Mutes sein Reich allein genießen.

## *Äsche, Thymallus thymallus* (L.)

Die Äsche nimmt aus verschiedenen Gründen in den Monaten November und Dezember bei vielen Salmonidenfreunden eine Sonderstellung ein, doch nicht nur deshalb, weil sie von den ‚kleinen' Salmoniden als einzige zu dieser Zeit noch nicht geschont wird, sondern weil der Reiz der Fischwaid auf diesen Fisch bei sich abkühlendem Wasser immer größer wird. Auch die starken Exemplare kommen jetzt aus ihrer Reserve heraus und versuchen sich am Köder.

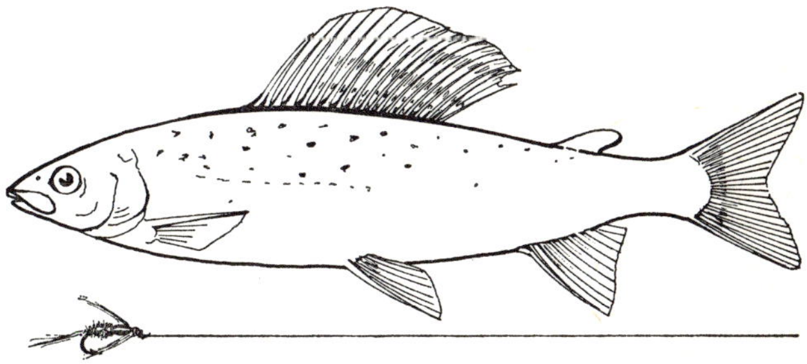

*Abb. 51. Äsche*

Der Angler muß sich klar darüber sein, ob er die Äsche der Fliegenrute vorbehalten will oder das nach den örtlichen Bestimmungen sogar muß. Die eigene Entscheidung kann ihm aber keiner abnehmen, und auch für mich steht außer Frage, daß der Drill einer Äsche an der feinen Spürangel genauso ein Genuß sein kann wie an der Fliegenrute.

Außerdem wird das natürliche Insektenangebot im Winter so gering, daß die Fliege als Köder nicht nur ihren Reiz verliert, sondern auch weniger angepaßt ist, wodurch die Fliege beim Fisch sogar Mißtrauen erregen kann.

Die Naßfliege bleibt aber trotzdem noch den Versuch wert, schließlich auch die Nympfe, der Palmer und einige Larvenimitationen. Als Farben empfehlen sich überwiegend grau und schwarz.

Wo erlaubt, verwendet man an gering strömenden Äschenstellen dunkle Kleinblinker und Spinner.

Schließlich bleibt noch die konventionelle Angelart mit dem kleinen Wurm, der Made und den sonst üblichen Feinlebendködern oder der toten Stubenfliege an der feinen Spürangel.

Art und Technik sind denen anderer Jahreszeiten vollkommen gleich und bedürfen keiner Spezialanleitung, da auch die Äsche ihren Lebenszyklus kaum ändert, sondern lediglich tiefer und in ruhigeren Strömungsbereichen anzutreffen ist.

Bevorzugen sollte man die Mittagsstunden und daran denken, daß die Äsche gern auf antreibende Nahrung wartet und ihr selten nach- oder entgegenschwimmt.

## *Huchen, Hucho hucho* (L.)

Zum Leidwesen vieler Angelfreunde ist der Huchen, ein ausgesprochener Winterfisch, nur in der Donau und einigen ihrer Nebenflüsse anzutreffen. Seinem Namen als Donaulachs macht er alle Ehre und weiß an der Angel einen großartigen Kampf zu liefern.

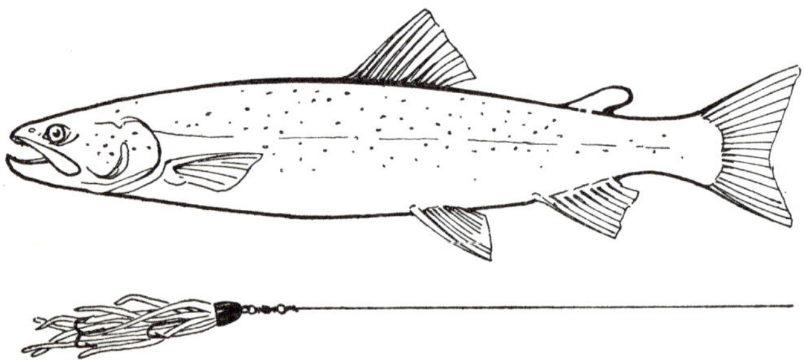

*Abb. 52. Huchen*

Niedrige Wasserstände und trübes Wetter gelten als beste Voraussetzungen, um dem hinter Steinen, versunkenem Holz oder Faschinen stehenden Huchen beizukommen.

Heute wird ihm fast nur noch mit der Spinnrute nachgestellt. Früher benutzte man auch die Fliegenrute mit dem großen Palmer, der Lachs- oder Riesenmaifliege. Da aber zu viele kleine Exemplare darauf bissen und man diese schließlich schonen wollte, wurde diese Köderart weitgehend verworfen.

An der Spinnrute werden vorwiegend Köderfische am System, Froschimitationen, große Spinner, Löffel und Wobbler eingesetzt. Entscheidend ist ein variantenreiches Spiel der Köder sowie List und Taktik des Anglers. Könner behaupten, der Huchen wolle nicht nur beißen, er wolle auch noch gelockt werden. Anscheinend haben sie recht damit, denn ich habe mehrfach gesehen, daß der Fisch nicht dann zufaßte, wenn der Köder an seinem Standplatz vorbeizog, sondern einige Würfe später den gleichen Köder auf größeren Abstand hin anschwamm und schließlich kräftig zupackte.

Die gleiche Eigenart gilt auch für die Angelei mit dem lebenden Köderfisch (wo erlaubt). Ich erlebte ein solches Schauspiel mit einem bekannten österreichischen Huchenangler an der Drau. Schon mehrere Male hatte er das Fischchen über genau die gleiche Stelle treiben lassen, ohne daß sich etwas rührte. Auf meinen fragenden Blick hin meinte Peter, er würde den Burschen schon noch erwischen. Der müsse nur erst richtig ‚angeärgert' sein. Überzeugt war ich erst, als sich die Schnur straffte und dann fast 15 Minuten einen enormen Zug auszuhalten hatte, bis ein ‚Draulachs' von 23 Pfund im Schnee lag.

Dem Beißverhalten des Huchens angepaßt entwickelten die Spezialisten eines Tages den bekannten Huchenzopf. Sie haben mit diesem beweglichen Köder die Möglichkeit, ihn in der Strömung verweilen und locken zu lassen. Durch die Auf- und Abwärtsbewegung der Rute wird die Wirkung noch erhöht, und mit einiger Übung imitiert man schließlich den mühsam gegen die Strömung ankämpfenden Kleinfisch.

Huchenzöpfe sind meistens fantasiereiche Gebilde bastelfreudiger Angler, die aus feinen Lederstreifen, flexiblen Gummi oder sogar aus festem Speck gefertigt werden. Ihr Verhalten in bewegtem Wasser ist tatsächlich so echt, daß man sie zeitweise selbst für einen tapfer aufstrebenden Kleinfisch halten könnte. Die Montage des Zopfes (Abb. 53) ist denkbar einfach. Die verschieden breiten 12 bis 20 cm langen Streifen werden mit dem Drillingshaken-System in die Bleiglocke gezogen.

Ursprünglich war dieser Köder als Nachbildung der auf Rapfen, Döbel und Zandel sehr fängigen Neunaugenzöpfe gedacht, die auch besonders gern für große Seeforellen verwendet werden. Im Handel tauchten sie als 5 bis 10 cm lange Imitationen auf. Später entdeckte man ihre Fängigkeit für andere Raubfische wie Hecht und Waller. Bis schließlich die Findigkeit der Angler den eigentlichen Huchenzopf entstehen ließ. Dieser wird nicht in der stärksten Strömung, sondern immer dort angeboten, wo auch der Kleinfisch versuchen würde, seinen Weg zu finden.

Dabei sollte man berücksichtigen, daß tiefe Führung notwendig ist. Langsame Strömung fordert forscheren Zug, da der Köder sonst zu stark schleift und sich verhakt. Im schnellen Wasser kann man ihn wieder sekundenlang verweilen lassen, um anschließend bis zum nächsten Gumpen, Stein oder Unterstand eine gleichmäßige Schwimmphase vorzuführen.

Der Lederzopf ist erst dann richtig geschmeidig, wenn das Material

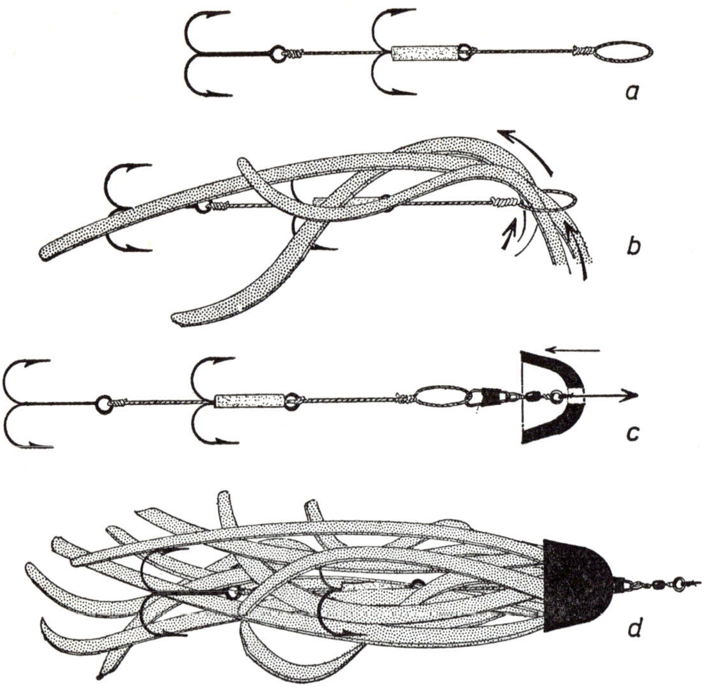


*Abb. 53. Huchenzopf (Neunaugenzopf)*
*a. Am Zweidrillingsystem wird der Vorderhaken durch Ventilgummi stabilisiert*
*b. Dann werden durch die Systemschlaufe die Lederstreifen eingezogen*
*c. In die Bleiglocke wird ein dem Karabiner angepaßtes Loch gebohrt*
*d. mit Polyesterharz oder Hartkleber wird das Leder in der Glocke stabilisiert, der Huchenzopf möglichst direkt an die Hauptschnur geknotet.*

sich voll Wasser gesaugt hat. Darum sollte man ihn direkt vor sich im Wasser leicht einspielen und die Umdrehungseigenschaften prüfen. Dreht er zu schnell, wird er leicht beschnitten oder ein zusätzlicher Wirbel in etwa 1 m Abstand in die Schnur gebunden, um Schnurverdrallung zu mindern. Eine Stabilisierung durch Blei oder andere Maßnahmen empfiehlt sich wegen der zu befürchtenden Hänger und behinderten Köderführung nicht.

Der Anhieb wird sofort gesetzt. Aufgrund der Köderbeschaffenheit sind Fehlbisse oder ein Abkommen des Fisches sehr selten.

*Seeforelle, Salmo trutta forma lacustris* (L.)
*Seesaibling, Salvelinus alpinus* (L.)

Wenn Huchen und Äsche wegen der angesetzten Schonzeiten ihre Ruhe haben und Witterung sowie Eisbildung es zulassen, beginnt für die unerschrockenen Winterangler die große Zeit der Seeforellenjagd. Wer im Sommer schon das Vergnügen hatte, diese rasanten Schwimmkünstler zu beobachten, weiß, welch große Entfernungen sie in unglaublich geringer Zeit zurücklegen können. Im Winter begeben sie sich teils in sehr große Tiefen und sind auf ihren Raubzügen unentwegt unterwegs, um einen genehmen Bissen zu finden.

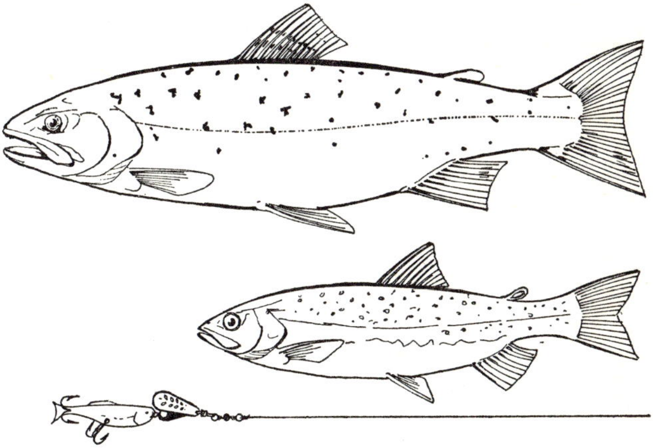

*Abb. 54. Seeforelle / Seesaibling*

Darum muß der Angler sie vom Februar bis in den April hinein suchen und wird sich meistens des geschleppten Kunstköders (alle Arten) oder des systemgeköderten Kleinfisches bedienen.

Die Spinnrute mit schweren Ködern kommt nur dort zum Einsatz, wo Zuflüsse und Übergänge in flachere Zonen die Seeforelle veranlassen könnten, einmal nach dem Rechten zu sehen.

Der Erfolg steht immer im Verhältnis zum Einsatz und entspricht etwa dem des Wallerangelns. Man muß schon ein wirklich fanatischer und wetterfester Fischer sein, rudert man Stunde um Stunde über die großen Flächen der in Frage kommenden Seen, probiert neu, versucht es tiefer, wechselt den Köder, wobei sich die Finger allmählich beim Rudern steif um den Riemen krümmen.

Um diesen herrlichen Fisch zu finden, bedarf es nicht unbedingt eines Spezialisten, aber bestimmt eines beständigen Optimisten. Die Entschädigung für den großen Einsatz ist überwältigend und fast unvergleichlich. Und selbst dann wenn Wind und Wetter die Kälte langsam durch den Parker getrieben haben und die Bewegungen zu schmerzen beginnen, ist alles binnen Sekunden vergessen, wenn der Anschlag gesessen und der Kampf auf Biegen und Brechen begonnen hat. Die Kraft der Seeforelle in der Tiefe ist so unerwartet groß, daß man von entsetzten Anglern sprechen kann, wenn ihnen die erste endlich am Gerät hin und herschießt.

„Wer dann noch friert, kann nicht von ganzem Herzen Angler sein", sagte mir ein Walchenseekenner, mit dem ich eine Woche lang vergeblich durch die Wellen gerudert war und meinte: „Komm' wieder, beim nächsten Mal klappt es bestimmt."

Vielleicht hätten wir es an der einen oder anderen Stelle mit dem lebenden Köderfisch an der tiefen Floßangel versuchen sollen, doch hatten wir uns von der sonst so erfolgreichen Paravan-Schlepperei mehr versprochen.

Zwei andere Angler hatten mehr Glück und außer einer stattlichen Seeforelle von 8 Pfund (mit der Ziehenlassen-sinken-Technik auf tote Mühlkoppe) noch zwei Seesaiblinge an der gezuckten Hegene aus der Tiefe geholt.

Der Lebensraum des *Seesaiblings* entspricht dem der Seeforelle. Jedoch ist er als Standfisch wesentlich leichter auszumachen. Kleine tote Köderfische am System, tief geführte Streamer und Spinner, sowie, wo erlaubt, die Grundangel sind anzuraten.

Der Seesaibling wird etwa $1^1/_2$ kg schwer und ist somit wesentlich kleiner und schlanker als die Seeforelle.

## *Meerforelle, Salmo trutta forma trutta* (L.)
## *Lachs, Salmo salar* (L.)

Eingangs habe ich mich schon mit dem ‚Problem' dieser Salmoniden als ‚Winterangelfische für jedermann' auseinandergesetzt und dabei das Thema Schonzeiten und Fangmöglichkeiten angeschnitten. Dabei wollen wir es belassen.

Fest steht, daß in den Monaten Oktober bis Anfang Dezember und Februar bis April die Chancen für den Angler an den Meeresküsten am größten sind. Dort sollte man diesen beiden ‚Königen' unter den Salmoniden auch nachstellen.

*Abb. 55. Meerforelle / Lachs*

Dafür kommt im Winter fast ausschließlich, genau wie im Fluß, die lange Spinnrute mit kleinen Tuckern, Blinkern, Wobblern, Spinnern und dem Fetzenköder in Frage. Auch der große Streamer hinter (oder als Springer vor) dem Wurfblei bringt gute Erfolge.

Ausdauer, List und gute Fangtaktik müssen den Angler auszeichnen. Vorsichtig wird zuerst der ufernahe Bereich an Steinansammlungen oder Restkrautfeldern abgesucht, bis man dann zu Weitwürfen in die Brandung übergeht. Systematisch muß der ganze vor dem Sportfischer liegende Halbkreis in allen Tiefen abgefischt werden.

Sorgfalt in der Köderführung und schnelles Reagieren sind bei den teils großen Bißentfernungen unbedingt notwendig, um nach dem sofortigen, kräftigen Anschlag gut parieren zu können.

Der Drill in der offenen See ist ein außerordentliches Vergnügen und wird wegen der nur selten auftretenden Hindernisse von weitwurffreudiger 0,28 bis 0,50er Qualitätsschnur gut bestanden. In Bereichen mit vielen Hängergefahren wird man aber nicht um stärkere Schnüre herumkommen. Für manchen ‚Salmoschneidertag' entschädigen die allgegenwärtigen Dorsche. Sie kommen im Winter ‚weit unter Land', wie wir Küstenländler sagen, und werden auch in starken Gewichtsklassen gelandet.

In den letzten Jahren hat sich in der Brandungsangelei (vorwiegend in den Nordländern) und in der Nähe von Flußeinmündungen das Grundangeln mit dem halben Hering (Schwanzstück) eingebürgert.

Erstaunliche Salmoexemplare werden damit gefangen. Natürlich vergreifen sich auch andere Fische an diesem Köder und sorgen für viel Kurzweil. Es ist nicht jedermanns Sache mit einer solchen Methode dem König der Fische nachzustellen; doch hat das Meer wohl seine eigenen Regeln.

Der gewissenhafte Petrijünger wird dies Angeln mit der Spürangel verfeinern, und sie selbstverständlich nicht als simple Grundangel im Rutenhalter verwenden, sondern durch korrekte Handhabung immer versuchen, in Bißkontakt zu kommen. Dabei ist es eine Selbstverständlichkeit, daß man niemals einen Schluckvorgang abwartet, sondern früh genug anschlägt, um einen korrekten Sitz des Hakens im Maul zu gewährleisten. Es geht treu nach dem Prinzip: jedem Fisch seine Chance, Lachs und Meerforelle unbedingt.

## Meeresfische

Es hieße Eulen nach Athen tragen, wollte man dem Angler besondere Fangmethoden für die vier hauptsächlichen ‚Winterfische' Dorsch, Wittling, Hering und die Schollenartigen antragen.

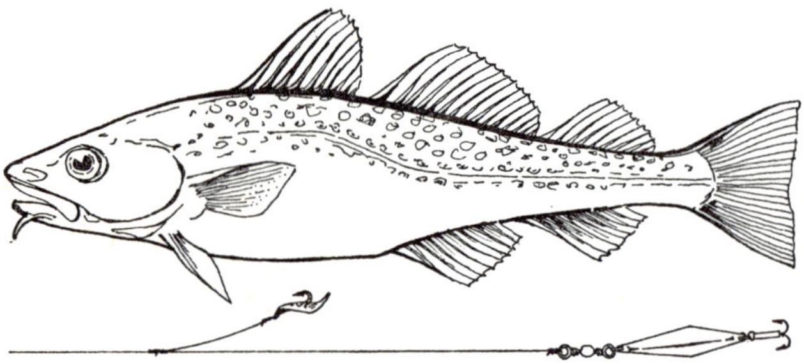

*Abb. 56. Dorsch*

Selbstverständlich läßt sich die Skala der fangbaren Flossenträger sehr bereichern, wenn wir uns weiter gen Süden orientieren und uns dem internationalen Angeltourismus anschließen. Doch so weit soll dieses Buch nicht gehen.

Dem Neugierigen sei dafür u.a. die Lektüre Schicker-Loebell: So fängt man Seefische, Schmidt-Luchs: Angeln im Meer vor westdeutschen Küsten oder andere aus dem Verlag Paul Parey über erfolgreiches Hochseeangeln angeraten.

Für uns bleiben die oben bezeichneten Fische vor den westdeutschen Küsten als abrundendes Beispiel und zusätzliche Winteranregung.

Selbstverständlich bestimmen auch hier Ausnahmen die Regel und manche Überraschung wird es auf den angebotenen Köder ganz gewiß geben.

Alle Techniken und Fangmöglichkeiten bleiben denen des Sommers gleich, ob vom Land, also beim Brandungsangeln, von der Mole oder vom Angelkutter aus.

Erfreulicherweise hat sich in der letzten Zeit und vornehmlich im Winter das Angeln mit dem natürlichen Köder vom treibenden Kutter auf Dorsch und Flachfisch immer mehr durchgesetzt. Die geschleppte Trapezangel ist hierfür am geeignetsten.

Man kann in das normale Grundvorfach sowie in das Springervorfach (siehe Abb. 57) zusätzlich einen Lockblinker nach dem Muster des ‚roling reflex v. ABU' einknoten, was die Fangquote gewaltig zu steigern vermag.

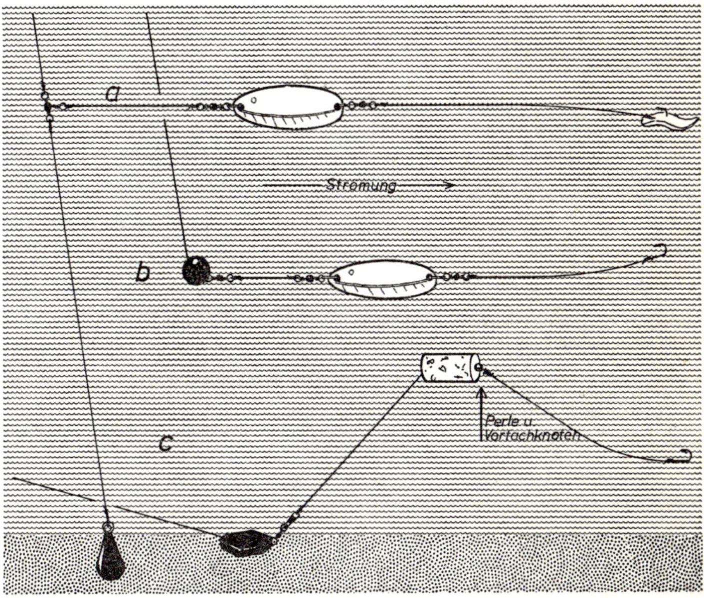


*Abb. 57. Lockblinker-Vorfächer sind für die Spinnfischerei (Fetzenköder) genauso geeignet wie für das Schlepp- und Trapez-Grundangeln (a).*
*Bei hängerfreien Gewässern empfiehlt sich b. Das Korkenvorfach bringt den Köder selbst bei leichtester Drift in Bewegung (c).*

Steht man hoch, findet diese Fangtechnik auch vom Land aus besondere Beachtung. Man wirft weit aus und versucht durch gefühlvolles Heranziehen den Fisch zur Köderjagd zu bewegen oder ihn zumindest aufmerksam zu machen.

Kleine und große Fischfetzen, je nach Fangaussichten, empfehlen sich dabei genauso wie der beliebte Wattwurm. Befürchtungen, daß die Plattfische nicht so weit aufsteigen, um an den Köder zu kommen, sind unbegründet und längst widerlegt. Wir haben mit mehreren Anglern Tests in dieser Richtung gemacht und die meisten Fische in der Höhe zwischen 0,50 und 1,50 m gefangen. Einige große Schollen stiegen sogar noch bis zum 3,5 m über dem Blei gebundenen Lockködervorfach.

Bewegung im wahrsten Sinne des Wortes wird an der See unerläßlich. Hier herrscht ein Klima, das man ertragen können muß. Wenn im Binnenland nahezu jedes Wasser zugefroren ist und Angelruhe eingekehrt ist, haben Salz und Wind an den Küsten noch keinerlei Eisbildung zugelassen. Das Abenteuer Meer lockt. Die letzte Möglichkeit, außer dem Eisloch, doch noch Leben an die Rute zu bringen, bietet sich an mit all ihren Gewalten, Schönheiten und umfangreichen Möglichkeiten.

Mit großem Erstaunen wird uns unsere bessere Hälfte ansehen, wenn wir den Vorschlag machen, doch einen Tag oder mehrere an die See zu fahren. Bei meiner Familie brauchte ich Jahre, bis sie Verständnis für den Winterangelsport aufbrachte. Doch heute bin nicht immer ich derjenige, der zu einer entsprechenden Tour anregt oder sogar das Ziel aussucht. Das machen wir gemeinsam, und erstaunlicherweise befindet sich in der Nähe meistens ein vorzügliches Restaurant mit feiner Küche und duftendem Kaffee. Wer könnte da widerstehen.

Zurück zur Praxis. Für Bewegung und Belebung sollten nicht nur wir Angler für uns selbst, sondern auch am Köder sorgen. Ein flach in der Brandung liegender Leckerbissen übt bei weitem nicht so viel Reiz aus wie der gleiche mit leichter Schaukelbewegung. Dafür bietet sich das Korkenvorfach an. Der Korkschwimmer wird auf die Vorfachschnur gezogen und durch einen Knoten mit kleiner Perle gebremst (siehe Abb. 57).

Die immer vorhandene Drift sorgt für eine ausreichende Winkelstellung zwischen Wurfgewicht und beködertem Haken. Bisse machen sich teils wesentlich rasanter bemerkbar als bei der konventionellen Grundangelmethode. Im Sommer kann man sich durch diese Technik auch ein wenig vor den lästigen Krebsen schützen und sie noch erweitern, indem man sie vom verankerten Boot auf Rochen und Karzenhai benutzt. Entsprechende Vorfachveränderung ist erforderlich.

Der Vorteil der Winter-Meeresangelei liegt in der verstärkten Schwarmbildung fast aller Fischarten vor den Laichzeiten. Schon darum sind die Aussichten vielleicht sogar einen Großdorsch zu erwischen, wesentlich größer.

Schon in der nahen Ostsee sind diese Fanggründe den Kuttereignern sehr gut bekannt, und nicht selten wurden in den letzten Jahren Exemplare um 40! Pfund und darüber gelandet. Weiter im Norden bietet sich natürlich der Öresund besonders an, der für seine Dorschschwärme vornehmlich in den Monaten Januar bis März genauso berühmt ist wie die Lofoten. Dort wird aber um diese Jahreszeit kaum geangelt, es sei denn, man will sich mit den Naturgewalten auseinandersetzen oder tagelang auf einigermaßen erträgliches Wetter warten.

In der Nordsee herrscht ebenfalls etwas rauherer Wind. Die großen Touristenzentren sind fast verwaist. Ebbe und Flut erschweren das Angeln und die Ausfahrten der Fangschiffe.

Erfreulicherweise häufen sich die guten Fangmeldungen in der letzten Zeit immer mehr, und wenn man hört, daß es im März einem Angelverein aus Schiffdorf bei Bremen gelang 989 Dorsche im Gewicht zwischen 3 und 10 Pfund auf die Planken der Cuxhavener ‚Jan Cux' zu legen, kann man für die Zukunft auch auf der Nordsee mit aktiveren Winterangelbemühungen rechnen.

Nur von Cuxhafen und Büsum aus werden im Moment die Wochenenden genutzt, wenn das Wetter es zuläßt. Vor Helgoland lohnt sich der Einsatz dann immer und sogar Köhler und Leng werden vereinzelt gefangen.

Viele variantenreiche Aussichten bieten die Flußmündungen an der Ostsee. Bei Travemünde können sogar starke Barsche und Zander überlistet werden. Die Schwentine in der Kieler Bucht ist berühmt für vereinzelte, prächtige Meerforellen, und vor der Schlei tummelt sich mannigfaltiges Leben in der Tiefe. Doch sollte man nicht immer nur diese markanten Punkte suchen. Es empfiehlt sich der Kauf einer einfachen Straßenkarte für die angesteuerte Umgebung. Man findet darauf auch kleine Zuflüsse aus dem Binnenland, die zwar nicht so tief sind wie die der großen Flüsse, aber trotzdem guten Brandungsangelsport bieten.

Im Gegensatz zu den meisten Friedfischen im Binnenland kommen nämlich unsere drei Meeresfischarten erstaunlich dicht ans Ufer und sind gerade bei dieser Gelegenheit gut zu erreichen. Auch die ersten Spinnversuche auf Meerforellen sollte man hier wagen.

Leider haben sich die Heringe in der Kieler Bucht wegen der Bestandsveränderungen in der Ostsee nicht halten können.

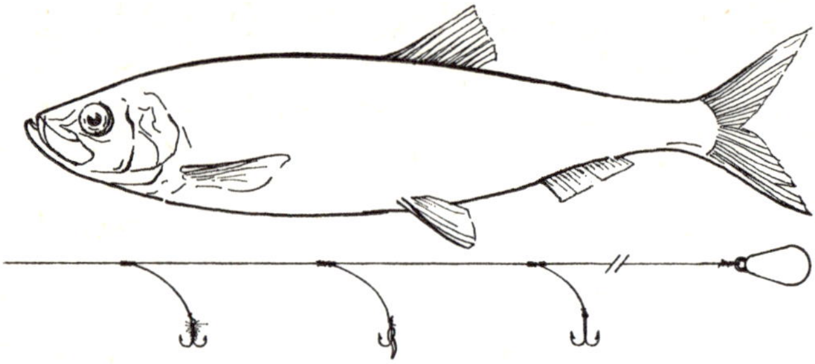

*Abb. 58. Hering*

Trotzdem lohnt sich der Einsatz für den Sportfischer immer noch, und wann auch nicht? Die sogenannten Brackwasserheringe (laichzeitbedingt) werden ihn vor dem Kaiser-Wilhelm-Kanal in Kiel Holtenau und sogar in der Unterelbe nicht enttäuschen.

Die Vorteile der geringen Tiedeeinflüsse kann man von Lübeck bis Flensburg überall nutzen und sehr schönem Sport nachgehen. Hier liegt noch viel Brachland in Sachen Meerforellen-Brandungs- und Grundangeln.

Bezüglich der Flachfische verliert zwar der Reiz ein wenig, da die Fische durch die frühe Laichzeit etwas angegriffen und nicht sehr gut bei Fleisch sind. Man sollte sich also entscheiden, ob man ihnen weiter nachstellt oder im Dezember allmählich Schluß macht, um den Wonnemonat Mai abzuwarten. Die Schollen beißen zwar weiterhin sehr gut,

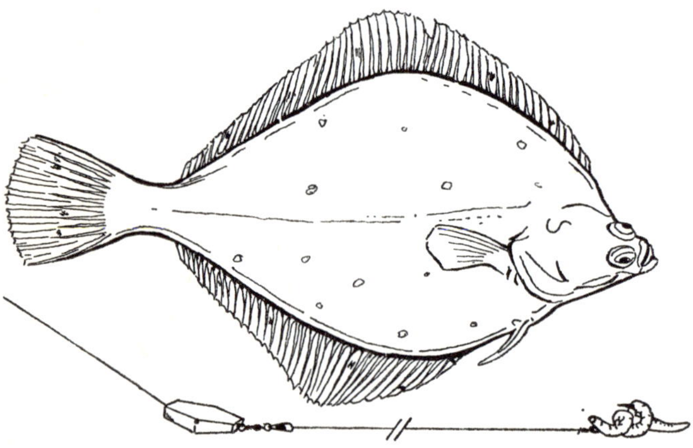

*Abb. 59. Scholle*

doch wird man sie nicht zum bloßen Zeitvertreib angeln, da man sie schlecht zurücksetzen kann. Sie schlucken den Haken meistens sehr tief und sind ohne Verletzung kaum davon zu befreien. Der Angler sollte darum gewissenhaft sein, und nicht dort Schaden verursachen, wo er zu vermeiden ist. Sein Beitrag zur Erhaltung der Fischbestände fällt zwar klein aus, doch summiert er sich mit dem Gleichgesinnter, und darum fängt die Sache vielleicht an, sich zu lohnen.

Das Meer wird sich revanchieren. Vielleicht mit einem dieser zauberhaften Sonnenuntergänge, wie sie nur an der See auftreten können, bestimmt aber mit der herrlichen Einsamkeit und dem Erlebnis idyllischer Strände, die im Sommer viel zu überlaufen sind, um besinnlichen Angelsport zu ermöglichen.

# Dank an den Winter

## Gedanken an den Sommer

Wer im Winter gut fängt, wird im Sommer hervorragende Ergebnisse haben. Diese Tatsache ist nicht nur aus den Fanglisten abzuleiten. Nein, sie hat auch etwas mit der inneren Einstellung zum Angeln zu tun. Nicht das Ergebnis, ablesbar am Zeiger der Waage, sollte ausschlaggebend für persönlichen Einsatz und Betätigung werden, auch die Freude am Sport kann einen ‚Schneidertag' zu einem besonderen machen.

Natürlich können meine Winter-Fanganleitungen die Chancen eines jeden steigern, ich hoffe es sogar. Auf keinen Fall aber sind sie Garantie für volle Kescher. Sie werden erst dann zur Hilfe, wenn der Leser bereit ist, all die Dinge zu berücksichtigen, die ihm angeraten wurden. Sobald Wind und Wetter oder die Bequemlichkeit ihn vom Angeln abhalten, werde ich ihm nicht geholfen haben.

Früher bin ich selbst oft in den alten Trott verfallen, habe geglaubt, was gestern gut war, muß auch heute noch klappen. Anschließend blieb mein Kescher leer. Die Bereitschaft, auch das Vereinsgewässer, man kennt es ja wie seine Hosentasche, einmal mit ganz anderen Augen zu sehen, kostet Überwindung, könnte sich aber lohnen. „So hat hier noch keiner einen Fisch gefangen!" ist ein überall bekannter Satz. Doch warum soll nicht gerade das Ungewöhnliche, das Neue die Neugier der Schuppenträger erregen?

Traditionstechniken und -Köder gibt es nicht. Auch Fische sammeln Erfahrungen und wissen diese instinktiv zu verwerten. Das trifft auf jede Einzelheit und Kleinigkeit zu und gilt im besonderen Maße für Futter und Köder.

Nicht umsonst bringen viele große Wettangeln und Meisterschaften oft ernüchternde Resultate und das, obwohl die Gewässer nach erfahrungsgemäß guten Fangergebnissen ausgesucht werden und als vorzüglich besetzt gelten. Die Fische wissen anscheinend den zahlreichen Lockungen sehr gut zu widerstehen und sind an der Waage die eigentlichen Sieger. Wie läßt sich das erklären?

Ich behaupte, daß die Flossenträger sehr wohl in der Lage sind, die Bewegungen und Trittwirkungen am Ufer mit dem Signal ‚Gefahr' zu identifizieren. Kommt gar eine ganze Schar erwartungsfroher Petrijünger, wird sich das noch mehr auswirken, als wenn der einzelne seine Vorbereitungen trifft.

Man stelle sich zum Beispiel vor: nur 40 Angler im Abstand von jeweils 20 Metern gehen gleichzeitig am Ufer entlang, inspizieren ihre Angelplätze, montieren, hantieren, entnehmen Wasser und werfen fast gleichzeitig Unmengen an Futter- und Geruchsstoffen ins kühle Naß. Anschließend fuchteln sie mit einem Wald von Ruten über dem Wasser herum. Wie die Flitzbogen sausen diese immer wieder mit dem bekannt unangenehmen Geräusch durch die Luft, um den Köder möglichst weit und die Schnur gestreckt auslegen zu können.

Das muß einfach Reaktionen hervorrufen. Auch Fische sind sensibel, sehr sogar.

Der Einzelangler wird immer bemüht sein, so wenig wie möglich bemerkt oder gar gesichtet zu werden. Die Masse aber kann schon die Absicht dazu vergessen. Genau aus diesen Gründen können die ersten Angeltage aus meinen Erzählungen in Kapitel VI über das Eislochangeln auf Weißfische und Barsche schiefgegangen sein. Wir werden nie beweisen können, inwieweit unser Eigenverhalten zum Erfolg beigetragen hat. Doch immer wieder suchen wir bei Mißerfolg die Schuld als erstes darin. Das sollte uns nachdenklich stimmen. Oder ist es schon einmal jemandem gelungen die gleiche Strecke ins Netz zu bringen wie sonst, wenn plötzlich Beobachter im Rücken ihre mehr oder weniger fachmännischen Kommentare in den Raum stellten und glaubten, daß man sich selbst auch noch mit ihnen unterhalten sollte? Nein, das gibt es nun wirklich nur äußerst selten. Ein ‚gestörter Angler' ist auch gleichbedeutend mit gestörtem Fisch!

Unsere Geschuppten damals waren sicherlich so zahlreiche und plötzliche Bewegung nicht gewohnt und werden geahnt haben, daß die Eislöcher ihnen galten. Nicht nur die Geräusche können sie erschreckt haben. Wenn sie aber an den nächsten Tagen ihren Argwohn verloren, wird das eventuell mit der Gewöhnung und bestimmt damit zusammenhängen, daß die Löcher fast unbemerkt erneuert, wieder geöffnet werden konnten.

Eine weitere Überlegung sollte der Winterangler anstellen und sich erinnern: große Raubfische fängt man überwiegend im Spätherbst sowie danach und dann sogar auf Stellen, an denen sie im Sommer wegen der zahlreichen Angler überhaupt nicht aufkreuzen. Nun räumen sie zwischen den Futterfischen gewaltig auf und kehren fast regelmäßig auf ihren Streifzügen zu diesen Plätzen zurück.

Hier müssen also Erfahrungswerte eine Rolle spielen. Trotzdem bringt man sie nicht so leicht an den Haken. Doch wer will behaupten, es lohne sich nicht, mehrere Tage, sogar Wochen, hinter einem solchen Riesen her zu sein, bis er endlich dem Angebot nicht mehr widerstehen kann und seine Kraft mit uns mißt? Meine Erfolge beim Angeln auf diese Riesen sind sicherlich zum Teil mit der Kenntnis ihrer Gewohnheiten zu begründen. Letztlich aber sind sie Zeugnis dafür, daß ich die Ausdauer aufbrachte, abzuwarten, wann der Hunger größer war als Argwohn und Instinktverhalten. Wer dabei noch genug Fleiß entwickelt, alle technischen Möglichkeiten, auch die ungewöhnlichsten, zu erproben, wird Erfolg haben.

Es gibt Angelstellen, an denen ganze Vereine tagtäglich dem Burschen nachstellen, der ihnen sogar schon ‚auf die Pose gesprungen ist'.

Selten, fast nie, wird er dabei gefangen. Eines Tages ist er verschwunden. Ein einsamer Angler hatte im Winter mehrere Tage dort herumgelungert, und er schaffte es. Dabei waren seine Chancen mit einer Angel gegen die sonstige Gallerie von Ruten doch äußerst gering! Oder?

Ich habe es selbst schon erlebt, daß 7 Kenner und Könner der Döbelstrecke in großem Abstand versuchten, diese Schlauberger zu überlisten. Die Flossenträger müssen die Angelegenheit durchschaut haben und verhielten sich danach. Als allgemein Mißstimmung aufkam, packte man ein. Nur ein Angler blieb am Wasser. Nach 2 Stunden gesellte er sich im Vereinslokal wieder zu uns, mit 7! guten Döbeln. „Die sind förmlich aus der Deckung gekommen, als ihr weg ward", meinte er. Das halte ich durchaus für möglich, und es wurde auch bewiesen, als 4 Angler wieder loszogen, um doch noch ihr Glück zu versuchen. Gleich zu Beginn fingen sie einen Fisch. Dann war endgültig Feierabend.

Um solche Voraussetzungen genau zu analysieren, habe ich oft Angelplätze besucht, die viel befischt und schließlich aus irgendwelchen Gründen verwaist waren.

So angelte ich zum Beispiel mit zwei Berliner Freunden nach einem Wettangeln an einem Schleswig-Holsteiner Kanal unmittelbar nachdem 200 Stippfreunde abgezogen waren. Binnen 4 Stunden angelten wir fast $2^1/_2$mal so viel Fische wie vorher alle zusammen. Dabei berücksichtigten wir das große Futterangebot am Grund und warfen nur Angelköder in Form von Maden, zerkleinerten Würmern und Schnecken mit ein wenig Paniermehl, ohne jeden Geruchsstoff, ein. Wir fischten mit der feinen Spürangel und verhältnismäßig kurzen Ruten, und es wurde eine Fangorgie, in der auch 5 Karpfen vorkamen.

Ein anderes Beispiel sei erwähnt, um den immer Verzagenden, den Pessimisten unseres Sports ein wenig unter die Arme zu greifen.

Wer kennt sie nicht, die Unentwegten, die Wurf auf Wurf in den See oder die Brandung setzen und in gleichmäßigem Gewohnheitstempo ihren Blinker wieder einziehen. Doch zum Spinnfischen gehört nicht nur der gute Wurf und schnelles Einziehen, um recht schnell abermals zu werfen.

Das Führen des Köders, die Fantasie des Anglers dabei, sein Spiel mit dem Eisen ist allein entscheidend. Ich habe mich selbst oft dabei ertappt, daß ich in meiner Einbildung den anschwimmenden Räuber vor dem Blinker sah. ‚Was wird er wohl machen?‘, und was kann ich selbst tun, damit er nicht abdreht? Das sind entscheidende Punkte. Fantasiereiche Angler sind einfach überlegen. Aber Fantasie an der Rute macht erst den Könner.

Mein Angellehrmeister war ein richtiger alter Haudegen, der uns manchmal mit herrlichen Spitzfindigkeiten überraschte.

Er wußte noch Fische zu erfühlen und stand ohne Schwimmer am Eisloch. Seine groben Hände zauberten einen Fisch nach dem anderen heraus, während meine Pose keinen Biß anzeigte. Dann meinte er: „Nun fummel ich ihm den Wurm vors Maul, nu mach schon . . . “ und es kam mir vor, als wenn er wirklich Zwiesprache mit den Geschuppten dort unten im Dunkeln hielt.

Wieder straffte sich seine Schnur. Gut, ich stimme teilweise zu, wenn der Leser meint, das könne man nicht erlernen. Aber versuchen sollte man es doch.

Eines Tages weihte mich Opa in die Künste der Spinnfischerei ein. Man bedenke, daß es vor 20 Jahren die heutigen Angebote fantastischer Köderimitationen noch nicht gab und die Angler sie zum Teil aus Alteisen selbst bastelten. Mein Lehrmeister hatte eine kleine Schachtel in seiner alten Jacke. Darin waren drei solcher Eigenkreationen. Etwas unförmig, schwer und ohne Glanz.

Nachdem ich die ersten erfolglosen Weitwürfe hinter mir hatte und immer wieder stolz dem herrlichen Schnurbogen nachblickte, meinte er: „So wird das nichts mein Junge. Entscheidend ist nicht der Wurf, sondern die Vorstellung, die du anschließend gibst. Die Eisen, das sind kleine Schauspieler und du bist der Theaterdirektor. So, und nun bittest du die Fische zur Kasse!“ Wie recht er doch hatte.

Ich frage mich manchmal auf meinen Reisen in Sachen Angeln, warum man so viele unzufriedene Angel-Touristen an den Gewässern trifft. Sie schimpfen auf die Reklame der Eigner oder auf die Reiseberichte in den Fachzeitschriften.

Sie sind auch nicht bereit, die Schuld für eventuellen Mißerfolg, wenn es den für einen richtigen Angler überhaupt gibt, bei sich selbst zu suchen. Ich habe auch schon solche Artikel über Fremdgewässer geschrieben und sie zu diesem Zweck manchmal drei- und viermal besucht, bis ich sie endlich so gut kannte, mir ein Urteil darüber zu erlauben. Dann erst war ich nämlich selbst erfolgreich und legte gute Fänge auf die Schuppen. Waren damit meine ersten Besuche erfolglos oder umsonst? Sicher nicht. Darum behaupte ich; wer nicht bereit ist, dem Angelsport den nötigen Pioniergeist zuzugestehen, wird auch zu Hause nicht zu den Könnern zählen. Traumgewässer sind eine wunderschöne Sache. Aber sie sind keine Garantie für gute Fänge, bestimmt jedoch für eine lehrreiche Reise.

Auf Neugier und Pioniergeist des Anglers möchte ich noch einmal zurückkommen. Manchmal habe ich an fremden Gewässern Fische überlistet, die hier überhaupt nicht vermutet wurden. Meistens gelang das mit ungewöhnlichen Ködern oder Methoden und vornehmlich im Winter. Das liegt sicherlich auch daran, daß die Konzentration der Fische in Grundnähe mit zunehmender Kälte immer größer wird.

So brachte ich zum Beispiel Aalrutten (Quappe), Döbel, Alande und sogar Zander ins Netz und regte meine Gastgeber zu neuen Taten an. Schon das war den Versuch wert und wirkte sich auch in anderen Jahreszeiten positiv auf die Aktivität der Sportfreunde aus.

## Resümee im Kochtopf

Winterangler gehören selten zu den sogenannten Kochtopfanglern, sollte es die überhaupt geben. Dann redet man noch über diejenigen Petrijünger, die zwar leidenschaftlich gerne angeln, aber selbst keinen Fisch essen. Bleibt die Frage, ob sie Fischliebhaber sind. Im Grunde genommen bedaure ich sie. Denn Fisch im Winter ist für den Gaumen unübertrefflich.

Der berühmte Ausspruch, in allen Monaten, die mit einem ‚er' enden, sollte man sich einen entschuppten Leckerbissen zu Gemüte führen, entspricht vollkommen den Gegebenheiten.

Gut, die Maischolle ist ebenfalls unübertroffen, eben eine der Ausnahmen, die jede Regel bestätigen. Doch die sommerlich leicht mudeligen Quappen, Schleien und Karpfen sind im Winter viel schmackhafter. Ein gebratenes Rotauge im Januar ist geschmacklich kaum zu übertreffen. Das klare Winterwasser, frei von allen Faulstoffen, entspricht dem Naturell der Fische. Hecht und Barsch stehen hervorragend im Fleisch, und der Zander wird zur Delikatesse.

Selbstverständlich spielt dabei noch eine große Rolle, daß wir Angler keine Hälterungsprobleme haben und den der Pfanne zugedachten Fisch gleich abschlagen und versorgen können. Die Witterung greift das Fleisch nicht an. Frischer Fisch, im besten Sinne des Wortes, kommt also auf den Tisch. Darum wird es uns die Angetraute vielleicht verübeln, daß wir den einen oder anderen Flossenträger zurückgesetzt haben. Doch immer frischer Angel-Fisch ist wohl auch nicht das Richtige, und in der Kühltruhe verliert er nicht nur seinen ideellen Wert.

Also ist es leicht, das richtige Maß zu treffen für das, was uns nützt und dem Gewässer nicht schadet.

Der erfolgreiche Angler hat meiner Ansicht nach auch das richtige Verhältnis zu den Geschuppten und wird ihnen immer das Beste abgewinnen. Sei es in der feinen Soße, ins Wasser zurückgesetzt und natürlich beim Angeln selbst.

Im Winter sind wir mit der Kreatur oft allein und werden damit fertig.

Winterangeln kostet Überwindung, Einsatz und Geduld, alles Anforderungen, die sich im Warmen um vieles leichter ertragen lassen. Im Kalten ertragen, heben sie das Selbstbewußtsein, den Stolz und die Freude über den Erfolg.

Selbst wenn es dann nur zu einem einzigen Fisch am Tag gereicht hat, wird man ihn mit besonderer Liebe zubereiten und in kleinen Bissen verschmausen. Vielleicht klappts beim nächsten Mal besser. Was macht's, wenn man von ganzem Herzen Angler ist.